Como ESCREVER na INTERNET

Proibida a reprodução total ou parcial em qualquer mídia
sem a autorização escrita da editora.
Os infratores estão sujeitos às penas da lei.

A Editora não é responsável pelo conteúdo da Obra,
com o qual não necessariamente concorda. A Autora conhece os fatos narrados,
pelos quais é responsável, assim como se responsabiliza pelos juízos emitidos.

Consulte nosso catálogo completo e últimos lançamentos em **www.editoracontexto.com.br**.

Como ESCREVER na INTERNET

Dad Squarisi

editora**contexto**

Copyright © 2014 da Autora

Todos os direitos desta edição reservados à
Editora Contexto (Editora Pinsky Ltda.)

Montagem de capa e diagramação
Gustavo S. Vilas Boas

Preparação de textos
Lilian Aquino

Revisão
Mayara Cristina Zucheli

Dados Internacionais de Catalogação na Publicação (CIP)
(Câmara Brasileira do Livro, SP, Brasil)

Squarisi, Dad
    Como escrever na internet / Dad Squarisi. – São Paulo :
Contexto, 2014.

    Bibliografia.
    ISBN 978-85-7244-862-8

    1. Escrita 2. Internet (Rede de computadores) 3. Leitura
4. Letramento digital 5. Linguagem - Estudo e ensino
6. Linguagem e tecnologia 7. Sistemas hipertexto 8. Textos -
Produção I. Título.

14-05374   CDD-418

Índice para catálogo sistemático:
1. Hipertexto : Linguagem e educação : Linguística aplicada 418

2014

EDITORA CONTEXTO
Diretor editorial: *Jaime Pinsky*

Rua Dr. José Elias, 520 – Alto da Lapa
05083-030 – São Paulo – SP
PABX: (11) 3832 5838
contexto@editoracontexto.com.br
www.editoracontexto.com.br

Para a Vilma e o Flávio
"Na vida, tudo é presente", me ensinaram eles.

Sumário

APRESENTAÇÃO 11

COM QUE LÍNGUA? 13
    O morcego dança conforme a música 13
    A língua aprendeu a lição 15
    Quem é o maestro? 16
    O poder da batuta 17
    Ele ou ela? 19
    Com que roupa? 20
    O texto manda 21
    Vale o escrito 22
    Bem-vindos, estrangeirismos 23
    Sua Excelência o direito 24
    Regionalismos têm hora 25

Falação já era..26
A ordem é poupar...27
Vem, internetês..28
Que língua é essa?..29
Cada um na sua..30
Entendeu? Valeu..31
Uma língua, várias línguas..............................32
Cada macaco no seu galho...............................33
140 toques...34
Menos é mais...35

AJOELHOU? TEM DE REZAR........................37
   Escolher..39
      Palavras curtas..39
      Siglas...40
      Abreviaturas..41
      Códigos diferentes...................................41
      Sinais de pontuação.................................42
      Ícones emocionais....................................42
      Voz ativa..43
      Numerais...43
      Forma positiva..44
      Frases curtas..45
   Cortar...47
      Concisão é requinte.................................47
      Artigos indefinidos..................................48

Pronomes *seu* e *sua*..49

Pronome sujeito 49

Pronome *todos*...50

Algum e *alguma*..51

Que é, que foi, que era....................................52

Nas referências temporais,
os substantivos dia, mês e ano.....................53

Zeros desnecessários.......................................53

Verbo *tentar*...54

Expressões adiposas..54

Trocar 56

Locução pela classe correspondente...........56

Pronomes..57

O futuro pelo presente....................................58

Perguntas indiretas por perguntas diretas...........59

Orações adjetivas por adjetivos 60

Oração substantiva por substantivo............60

Oração desenvolvida por reduzida 61

Nome por verbo..62

Nome do mês pelo número.............................63

Letras..63

ACERTE O TOQUE 65

Desconstruir..67

Reconstruir...71

DICAS EM ATÉ 140 CARACTERES.................................73
   Acertar ou acertar.................................74
   Acertar ou errar.................................82
      Abreviatura.................................82
      Sigla.................................83
      Estrangeirinhas.................................83
      Família.................................84
      Mal e mau.................................85
      Eu e mim.................................87
      Porquês.................................88
      Onde e aonde.................................89
      Este, esse e aquele.................................90
      Duplinhas.................................93
      Casaizinhos.................................97
      Enganadoras.................................98
      Expressões.................................100
      Crase.................................102

POSFÁCIO:
CADA MACACO NO SEU CHAT.................................115

ÍNDICE POR ASSUNTO.................................119

A AUTORA.................................123

Apresentação

Escrever é verbo transitivo. Escreve-se para o leitor. Contemporâneo, ele vive no século XXI. Tem à mão livros, jornais, revistas, rádio, TV e o universo sem fim da internet. As 24 horas do dia são insuficientes pra abarcar tanta informação. Resultado: os textos longos, exibidos, cheios de erudição caíram de moda.

As novas tecnologias revolucionaram a escrita e a leitura. Econômicas mensagens eletrônicas ganharam espaço e prestígio. Os esbanjadores verbais têm de se conter e se curvar ao estilo moderno. Nele imperam duas regras de ouro. Uma: menor é melhor. A outra: menos é mais.

Como chegar lá? Ninguém precisa inventar nada. Nem abdicar da norma culta. A língua oferece os recursos para quem quer algo mais do que escrever. Quer escrever melhor –

dar recados claros, concisos e prazerosos. Com humor, este livro apresenta o passo a passo do dizer muito com pouco. São técnicas que permitem cortar ou lipoaspirar os excessos. Gordurinhas aqui e ali? Nem pensar. Bisturi nelas.

Na primeira parte, comentamos as várias línguas que falamos e escrevemos. Entre elas, a culta, ensinada nas escolas e exigida em provas, concursos e na vida profissional. Também a das salas de bate-papo, em que imperam as abreviaturas, as trocas de letras, a invenção de códigos. Pais e mães arrancam os cabelos quando dão uma espiadinha na tela e veem o "horror". Bobeiam.

Poliglotas na nossa língua, sabemos que o tal internetês tem vez só nos chats. Ali não cabem cerimônias, senhorias e excelências. Não é questão de certo e errado. Mas de adequação. Como escreveu Saramago, "não falamos português, falamos línguas em português".

Nas duas partes seguintes, convocamos o metro e a tesoura. Um fica de olho na extensão de palavras e frases. A outra toma providências cirúrgicas – corta. Na última, 300 diquinhas de português em até 140 caracteres jogam luz sobre velhos calos da língua – crase, concordâncias, regências, etimologias, grafias espinhosas.

Livrar-se deles abre portas. A língua culta funciona como passaporte para a liberdade. Conhecendo-lhe as manhas, podemos escolher, brincar e entrar na onda das novas mídias. Rainha que não perde a majestade, a língua se submete feliz ao gosto e às urgências do freguês. Dê uma olhadinha.

Com que língua?

O MORCEGO DANÇA CONFORME A MÚSICA

Quando o mundo nasceu, aves e mamíferos declararam guerra. Queriam saber quem mandaria na floresta. Nas batalhas sangrentas, não faltaram bicadas, coices, mordidas. As aves venceram. O morcego, que lutava com os derrotados, virou a casaca. Apresentou-se para a águia, líder das penosas. Ela lhe disse:

— O que você faz aqui? Você é mamífero.

— Mamífero eu? Olhe bem pra mim.

Tenho asas. Sou ave – respondeu seguro.

Safou-se. Tempos depois, nova guerra explodiu. Os mamíferos ganharam. O morcego não pensou duas vezes. Passou pro outro lado. Ao chegar, apresentou-se ao leão. O rei estranhou a presença inesperada:

– O que você faz aqui? Você é ave. Vá pra sua turma.

– Ave eu? Como? Não tenho bico nem penas. Tenho pelos. Como pode ver, sou mamífero. Sou primo dos ratos – respondeu o morcego convicto.

E se safou de novo.

A LÍNGUA APRENDEU A LIÇÃO

O morcego fez escola. Entre os tantos seguidores conquistados, destaca-se a língua. O português nosso de todos os dias, o inglês, o alemão, o russo ou o árabe adaptam-se. Parecem água. Posto no copo, o líquido ajusta-se à forma do recipiente. Na garrafa, ocupa sem resistência reentrâncias e saliências. Jogado no chão, espalha-se na superfície como se fizesse parte dela. Mais sem caráter que Macunaíma, a língua dança conforme a música.

Que música? Ora o tempo dita as regras. Um texto do século XIX fica fora de moda no século XXI. Ora o meio. Uma correspondência encaminhada por e-mail não se confunde com a embarcada em avião, navio ou ônibus. Às vezes, o emissor. Cada um tem seu jeito de dizer. "O estilo é o homem", escreveu o pensador francês Buffon nos idos de 1750.

O receptor também fala alto. A receita de sobremesa escrita para a cozinheira de poucas letras difere léguas da redigida para publicação na revista *Playboy*. A mensagem não fica atrás. A língua do horóscopo não é a mesma da reportagem, que não é a mesma do editorial, que não é a mesma da carta de amor.

QUEM É O MAESTRO?

Quem fala ou escreve é o maestro. Ele rege os elementos da comunicação. Quanto mais sintonizado com seu tempo, seu receptor, seu meio e sua mensagem, melhor música tocará. Lewis Carroll sintetizou o poder do senhor da fala em passagem de *Alice no país das maravilhas*:

Humpty-Dumpty disse num tom meio debochado:
– Quando eu uso uma palavra, ela significa aquilo que eu quero que signifique – nem mais nem menos.
Alice respondeu:
– A questão é se você pode fazer as palavras significarem tantas coisas diferentes.
Ele a corrigiu:
– A questão é quem manda. Isso é tudo.

O PODER DA BATUTA

A Associação Brasileira de Imprensa (ABI) completou 100 anos em 2009. Na ocasião, publicou texto em que demonstra o poder do dono da palavra. Não precisou de muito esforço. Simples deslocar de vírgulas deu o recado:

A vírgula

A vírgula pode ser uma pausa... ou não.
Não, espere.
Não espere.

Ela pode sumir com seu dinheiro.
23,4.
2,34.

Pode ser autoritária.
Aceito, obrigado.
Aceito obrigado.

A vírgula pode criar heróis.
Isso só, ele resolve.
Isso só ele resolve.

E vilões.
Esse, juiz, é corrupto.
Esse juiz é corrupto.

Ela pode ser a solução.
Vamos perder, nada foi resolvido.
Vamos perder nada, foi resolvido.

A vírgula muda uma opinião.
Não queremos saber.
Não, queremos saber.

Uma vírgula muda tudo.
ABI – 100 anos lutando para que ninguém mude uma vírgula da sua informação.

ELE OU ELA?

Palavras inocentes? Nasceram mortas. Emissor neutro? Também. A escolha de vocábulos, estruturas, citações, fontes, sinais de pontuação denunciam o falante. Quer ver? Grupo formado de homens e mulheres recebeu este texto:

 Se o homem soubesse o valor que tem a mulher andaria de quatro à sua volta.

O desafio: pontuá-lo e, com isso, dar sentido ao enunciado. Eis as respostas:

 Homens:
Se o homem soubesse o valor que tem, a mulher andaria de quatro à sua volta.

 Mulheres:
Se o homem soubesse o valor que tem a mulher, andaria de quatro à sua volta.

COM QUE ROUPA?

A língua é um conjunto de possibilidades. Diante de um leque de opções, o falante escolhe esta ou aquela de olho na adequação. A preferência vai além do certo e do errado. Fixa-se no melhor para o contexto. É mais ou menos como se estivéssemos diante de um armário cheinho de roupas. Que peça selecionar?

Depende da ocasião. Vou à piscina? Um biquíni cai bem. Vou ao baile de gala nos salões do Itamaraty? Nada melhor que um smoking. Vou a uma entrevista na busca de emprego? Olho pro traje discreto. Vou ficar em casa à toa? Vem, camiseta velhinha! No universo linguístico, a coisa funciona do mesmo jeito. Opto por palavras e estruturas que se adaptam melhor ao meio, ao receptor, à mensagem.

O TEXTO MANDA

Vou escrever um horóscopo? Preciso de palavras genéricas que falam, mas não dizem. Elas fazem mágica. Escorregadias, não comprometem nem se comprometem. Dão a impressão de que o texto foi escrito para quem lê a previsão naquela hora e naquele lugar. Homem, mulher, adulto, criança, rico, pobre, brasileiro, canadense ou chinês, tanto faz. Todos se sentem únicos. Comprove:

TOURO (21 abril a 20 maio) Procure deixar que as coisas aconteçam e fluam livremente com as pessoas que ama. Não queira que elas concordem totalmente com a programação que escolheu. Será bem mais fácil viver um dia gostoso dessa maneira. Procure dar vazão à necessidade de pureza emocional.

VALE O ESCRITO

Tenho de registrar uma ocorrência policial? Ops! Estão em risco vidas, reputações e patrimônios. A especificação se impõe. Nada de divagações ou inferências. Como no jogo do bicho, vale o que está escrito:

 Jonas Rodrigues, 18 anos, Helton Lero, 19, Magna Maria Lima, 36, e Edivaldo Pereira, 40, foram presos em flagrante por volta das 19h de ontem na QNP 29 (Ceilândia), na posse de 180 pedras de crack. Os autores foram recolhidos ao cárcere do DPE *e à Penitenciária Feminina do Distrito Federal.*

BEM-VINDOS, ESTRANGEIRISMOS

Meu texto versa sobre moda? O charme pede passagem. Abram alas para a sofisticação e a fantasia. Com elas, os vocábulos estrangeiros. Anglicismos e galicismos são pra lá de bem-vindos. A razão: as criações desfilam em passarelas internacionais. A língua precisa acompanhá-las:

 A moda está na moda. A Rio Fashion abriu a temporada brasileira. No mundo das passarelas, fala-se inglês. Aqui e ali, francês. Top models exibem o glamour dos tecidos high-tech e o charme das grifes nacionais e internacionais. O look dos cabelos mudou. A escova obsessiva está out. O in são os cachos. Lançamentos causam frisson.

SUA EXCELÊNCIA O DIREITO

Preciso apresentar petição ao juiz? O direito, assim como a informática, a economia, a biologia, tem língua técnica que o advogado tem de conhecer. Com o código da profissão, as partes se entendem. Vem, juridiquês:

A prestação jurisdicional contemplou o fato de que a tradição foi concluída, restando, pois, comprovada a improcedência da reconvenção requerida pelo réu, conforme impende concluir dos dispositivos instrumentais contidos na sentença a quo.

REGIONALISMOS TÊM HORA

Gauchês, pernambuquês, piauiês e tantos "eses" desta imensa Pindorama convivem bem nas terras que lhes deram origem. Fora delas, pode ocorrer o que Mário Quintana sintetizou assim: "O autor pensa uma coisa. Diz outra. A pessoa entende outra. E a coisa propriamente dita desconfia que não foi dita". Eis duas situações:

O médico gaúcho pergunta à turista carioca:
– Você vai aos pés com regularidade?
Desinibida, ela começa a fazer flexões.

O barriga-verde desembarca na Rodoviária de Brasília. Ao ver a Pastelaria Viçosa, pede com água na boca:
– Me dá um envelope de boi.

FALAÇÃO JÁ ERA

"Nas palavras e nas modas", escreveu Pope, "observe a mesma regra: sendo novas ou antigas demais, são igualmente grotescas." Quer algo mais ultrapassado que a correspondência escrita assim?

 Em resposta ao ofício referente ao assunto supracitado, pelo qual fomos instruídos pelo distinto diretor para nos mantermos à disposição do beneficiário, cumprimos o dever de informá-lo de que, até o presente, não fomos procurados pelo senhor Castro, nem recebemos quaisquer informações sobre ele. O objetivo desta é pô-lo ao corrente do que se vem passando no caso de que V. S^a se disponha a fornecer instruções ulteriores sobre o assunto.

Que tal substituir a falação pretensiosa e oca pelo recado direto?

 Ainda não fomos procurados pelo sr. Castro, nem recebemos indagação sobre ele. Alguma sugestão?

A ORDEM É POUPAR

As mídias modernas conjugam verbo à moda dos moradores das Gerais. É economizar. Dizem as más línguas que o pai mineiro dá este conselho ao filho que se prepara pra dar uma saidinha de casa: "Meu filho, não saia. Se sair, não gaste. Se gastar, não pague. Se pagar, pague só a sua".

Poupar é a regra. Quero mandar uma mensagem pelo celular? O texto tem de se adaptar à modernidade – menor é melhor. Quero compartilhar um tweet? Só disponho de 140 caracteres. Ou me submeto, ou caio fora. Quero escrever um e-mail? Limito-me a uma tela de computador. Ultrapassar o sinal tem custo: o leitor deixa o grandão pra depois. Mas o depois nunca chega. Adeus, oportunidade de dar o recado.

VEM, INTERNETÊS

A sala de bate-papo da internet exige a velocidade e os recursos da fala. O jeito é entrar na onda do internetês. Ela tem linguagem própria: troca de letras, abreviaturas estranhas, palavras inventadas, códigos desconhecidos – tudo aos pedaços, sem começo nem fim, sem pé nem cabeça. Bicho vira bx. Você, vc. Beijo, bj. Gargalhada? Heheh.

Las diz: Alan...
Las diz: diga...
Las diz: bixo...
Las diz: q vai rolar hj?
Alan diz: Kara, a galera vai sair aê
Las diz: Hum... legal!
Las diz: olha soh... c tu quiser ir... dá um toke
Alan diz: Blz... qq coisa ligo

QUE LÍNGUA É ESSA?

Ops! Que língua é essa? É português? É. Na dúvida, banque o São Tomé. Entre numa sala de bate-papo em inglês, alemão ou russo. A conclusão: apesar da ousadia, entendemos as mensagens da moçada verde-amarela. As demais falam grego. Ou chinês, o que dá no mesmo. A língua é viva porque é falada. Dinâmica, transforma-se. Palavras somem. Outras se incorporam.

Os malabarismos aprofundam recursos da própria língua. Por isso entendemos o internetês camoniano, mas ficamos por fora do mandarim, alemão ou árabe. A razão: o internetês não é língua sem pai nem mãe. Filho do português, lança mão de recursos oferecidos pela língua para escrever as tantas línguas de que dispomos. "Não existe português", disse Saramago, "existem línguas em português".

CADA UM NA SUA

Na web impera um pacto. Quem não o firma dá adeus à comunicação contemporânea. Os usuários escrevem, mas fazem de conta que falam. Esquecem a tela e seguem os padrões da oralidade. No novo sistema, a troca do ss por ç, do qu por k, do abraço por abr faz sentido. Ganham-se espaço e tempo – dupla que manda e desmanda no universo eletrônico.

Pra andar mais rápido, vale substituir o acento agudo das oxítonas por h (cafeh, ateh, estah). Vale também recorrer às representações de emoção, criadas para compensar a ausência física do interlocutor:

| :) =) :] | :> | :(=(=[| ;) ;D |
| sorrindo | sorriso moleque | triste | piscadela |

| <) | :] =] | o-o | :-)(-: |
| sorriso tranquilo | sorriso simples ou sem graça | usando óculos | beijo sorridente |

| :D =D | ^^ | :'(:,(|
| sorriso grande ou risada | sobrancelha levantada, saliente | chorando |

| :O =O | :S =S | :* =* | :# >=[|
| surpreso | confuso | beijinho | raiva |

ENTENDEU? VALEU

Acredite. A grafia se assemelha ao cartão de visitas. Apresenta a pessoa. Escrever como manda o dicionário pega bem, informa que temos familiaridade com a língua escrita. Troca de letras, tropeço nos acentos, descuidos no hífen depõem contra a pessoa, mas não impedem a compreensão. A ortografia é dispensável para a comunicação. Mesmo que leia adivogado, caxorro ou corassão, o leitor entende o recado. Ou não?

35T3 P3QU3N0 T3XTO 53RV3 4P3N45 P4R4 M05TR4R COMO NO554 C4B3Ç4 CONS3GU3 F4Z3R CO1545 1MPR3551O-N4ANT35! R3P4R3 N1550! NO COM3ÇO 35T4V4 M310 COMPL1C4DO, M45 N3ST4 L1NH4 SU4 M3NT3 V41 D3C1FR4NDO O CÓD1GO QU453 4UTOM4T1C4M3NT3, S3M PR3C1S4R P3N54R MU1TO, C3RTO? POD3 F1C4R B3M ORGULHO5O D1550! SU4 C4P4C1D4D3 M3R3C3! P4R4BÉN5!

UMA LÍNGUA, VÁRIAS LÍNGUAS

Somos poliglotas na nossa língua. Ao longo do dia, falamos, lemos ou escrevemos línguas diferentes. Vale o exemplo do jornal. A língua do horóscopo não é a mesma do editorial, que não é a mesma da reportagem policial, que não é a mesma da entrevista política, que não é a mesma do suplemento infantil. Um advogado usa o juridiquês nas petições. Mas o dispensa na conversa com a mulher, o filho, a cozinheira da casa ou os colegas do chopinho. O internetês é mais uma entre as tantas línguas do dia a dia.

Quem ignora o código se exclui das salas de bate-papo. O importante é separar o joio do trigo. Em outras palavras: distinguir os contextos que exigem uma forma ou outra. Se a criança ou o jovem não dominam a norma culta, correm risco de misturar alhos com bugalhos. Mas não precisam se privar da conversinha amiga. Basta dosar o tempo. Sugestão: a cada cinco minutos na web, deve corresponder uma hora de leitura em outra das tantas línguas do português. Que tal?

CADA MACACO NO SEU GALHO

Mães e pais perdem o sono. Imaginam que os filhos vão desaprender a norma culta. As consequências vêm depois, como diz o conselheiro Acácio, personagem de Eça de Queirós. E o depois bate à porta. São as provas na escola. É a redação no vestibular. É o concurso que dá acesso aos bons empregos. O que fazer? Proibir? É impossível. Se não puder usar o computador em casa, a meninada buscará saídas. Vai à casa de amigos ou aos cibercafés. Além disso, a criatura pode ficar marginalizada, incapaz de participar dos assuntos da turma. Não é uma boa. O que fazer?

Relaxem! Os adolescentes sabem separar as coisas. Não têm dúvida de que a linguagem da web é gênero novo de discurso – diferente do que está nos livros ou em outro lugar. Quer um exemplo? Quando o Telecine criou a sessão *Cyber Vídeo*, com legendas em internetês, houve reação dos próprios jovens contra o método. Eles disseram que aquela não era a língua do cinema, mas da internet. Resultado: a experiência morreu cedo. Estreou em 2005. Em 2006, saiu do ar.

140 TOQUES

Escrever está na moda. As novas tecnologias de comunicação ressuscitaram o valor da escrita. Mas com jeitão próprio. Já não se produzem textos como antigamente, mas concisas mensagens eletrônicas. E-mails que enchem a tela desanimam o leitor. São descartados. Texto do Twitter tem limite – 140 toques. O que é isso? É isto:

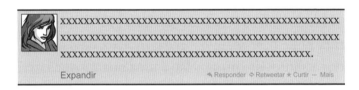

Difícil? É. Mas possível. E sofisticado que só. A língua é um sistema de possibilidades. Generosa, oferece opções capazes de nos levar até lá. Quanto mais as conhecemos, mais escolhas temos. Poder optar entre um e outro vocábulo, entre uma e outra estrutura tem nome – exercício de liberdade. A compreensão e a criatividade funcionam como baliza. Nada mais.

MENOS É MAIS

Limitar-se a 140 toques? Trata-se de senhor desafio. Os esbanjadores verbais têm de pôr o pé no freio. Dizer muito com pouco. Menos palavras e menos letras é sinônimo de mais informação. Alguns abominam o modismo. É direito legítimo. Ao exercê-lo, porém, excluem-se da contemporaneidade. Entram no time dos que sentem saudade do pincenê e do ph de farmácia. O microblog se inspirou no SMS – *short message service*. Quando surgiu, em 1985, a mensagem de texto dos celulares só comportava 160 caracteres.

A moda pegou. Criou asas e se impôs. O minimalismo verbal responde à urgência criada pela corrida contra o tempo que protagonizamos um dia sim e outro também. Por que abrir mão de via tão útil e tão simples? Entrar na onda não significa abandonar a norma culta. Significa ampliar as próprias possibilidades. Poliglotas na nossa língua, somos mais uma às tantas que falamos ou escrevemos. "Ser simples é sofisticado", lembrou a fadista portuguesa Amália Rodrigues.

Ajoelhou? Tem de rezar

Ninguém é obrigado a entrar na onda das mídias eletrônicas. Mas, se entrar, tem de dançar conforme a música. Em bom português: precisa se submeter à ditadura da contenção. A regra mais importante: menos é mais. Dois instrumentos pedem passagem – o metro e a tesoura. Um mira a extensão de palavras e frases. O outro toma providências cirúrgicas – corta ou lipoaspira. Gordurinhas aqui e ali? Nem pensar. Bisturi nelas.

Pra bancar o Pitanguy, três verbos ganham banda de música e tapete vermelho.

Um: escolher. Metro na mão, exerça o direito de escolha. Eleja o vocábulo que der o recado com menos caracteres e mais expressividade. Outro: trocar. Falta espaço? Substitua seis por meia dúzia. O último: cortar. Apele pra faxina. Mande pra lixeira os vocábulos que estão na frase pra enfeitar ou atrapalhar. Você não precisa inventar nada. A língua, mais flexível que chiclete, se oferece todinha pra lhe satisfazer as urgências. Vamos lá?

ESCOLHER

 "Entre duas palavras, escolha sempre a mais simples. Entre duas simples, escolha a mais curta."

Paul Valéry

Palavras curtas

Palavras longas e pomposas são praga. Burocratas de olho e coração na era de Pero Vaz de Caminha lhes dedicam amor especial. Bancam a Carolina de Chico Buarque. Ela mesma, a que não viu o tempo passar na janela. Em épocas remotas, quando a língua era instrumento de exibição, elas gozavam de senhor prestígio. Falar difícil dava mostras de erudição. Impressionava. Hoje a realidade é outra. A meta é informar – rápido e bem. Vocábulos compridões roubam espaço e tempo. Não raro, obscurecem a comunicação e põe o leitor pra correr. Xô!

Apenas, só ou somente? Só. Colocar, botar ou pôr? Pôr. Veículo ou carro? Carro. Bodas, casamento ou matrimônio? Casamento. Causídico ou advogado? Advogado. Residência ou casa? Casa. Contabilizar ou somar? Somar. Equalizar ou igualar? Igualar. Fidelizar ou conquistar? Conquistar. Agilizar ou apressar? Apressar. Modificar ou mudar? Mudar. Comercializar ou vender? Vender. Falecer ou morrer? Morrer. Falecimento, óbito ou morte? Morte. Caixão ou féretro? Caixão. Morosidade ou lentidão? Lentidão. Bastante ou muito? Muito. Entretanto ou mas? Mas. Entregar em domicílio ou em casa? Em casa.

Siglas

As siglas frequentam a linguagem moderna. Abrimos o jornal, ali estão elas. Ligamos a TV, não dá outra. Conversamos com amigos, as letrinhas aparecem. É PM pra lá, PT pra cá, Mercosul pracolá. Algumas são mais familiares que o nome por extenso, em geral compriiiiiiiido. Na escrita sovina, as reduções merecem nota 10.

Em vez de Organização dos Estados Americanos, use OEA. Departamento de Trânsito, Detran. Unidade de Terapia Intensiva, UTI. Supremo Tribunal Federal, STF. Polícia Federal, PF. Ministério da Educação, MEC. Instituto Nacional de Seguridade Social, INSS. Serviço Social do Comércio, Sesc. Serviço de Proteção ao Crédito, SPC.

Abreviaturas

Na hora de poupar espaço, solte a franga. Abuse de vidrilhos e lantejoulas. Abreviaturas consagradas ou inventadas são pra lá de bem-vindas. Mas não perca o juízo. Liberdade e libertinagem se parecem, mas não se confundem. O limite é a compreensão. O leitor tem de entender o código: *senhor (sr.), apartamento (ap.), página (pág., p.), porque (pq), que (q), também (tb), abraço (abr), beijo (bj), qualquer (qq), você (vc), quem (qm), teclar (tc), para (pra, p), fevereiro (fev).*

Códigos diferentes

Cerimônia não tem vez na web. Nem exclusividade. Seja atrevido. Misture sinais da matemática, da contabilidade ou da biologia com letras e palavras. Os 500 mil vocábulos do português aceitam a novidade sem surpresa, protestos ou lamúrias. Cabeças coroadas, sabem que nunca perderão a majestade.

mais (+)
menos (-)
vezes (x)
dividir (: ou ÷)
igual (=)

dinheiro ($)
reais (R$)
dólares (US$, U$).
euros (€)
homem (♂)
mulher (♀)

Sinais de pontuação

Antes, eles eram coadjuvantes. Precisavam da oração pra virem à luz. No fim do enunciado, o "?" fazia perguntas diretas. O "!" exclamava. As "..." interrompiam a frase e deixavam a imaginação viajar. Agora a narrativa ampliou o enredo. Os sinaizinhos ganharam novos empregos. Sem companhia, dão o recado. Nós entendemos.

? = O quê? Não entendi
! = surpresa, admiração
... = suspense

Ícones emocionais

Lembre-se: escrevemos para o leitor. Ele tem de entender a mensagem. Por isso, olho vivo nos sinaizinhos que esnobam palavras e frases. Só recorra aos códigos emocionais, como os vistos em "Cada um na sua", se tiver certeza de que serão compreendidos com a mesma facilidade de letras e números.

:-) ou :) ou =) (contente)	:-(ou :((triste)	:-o ou :-O (surpreendido ou muito surpreendido)
:-e (desiludido)	>:-<< (zangado)	

Voz ativa

Vamos combinar? Passividade rima, mas não combina com modernidade. Dinamismo é a palavra. Ativa é a voz. Além de energizar a frase, ela dá duas mãozinhas ao estilo. Uma: encurta o enunciado. A outra: manda o verbo "ser" plantar batata onde judas perdeu as botas.
Compare:

O assessor enviou a carta. (27 toques)
A carta foi enviada pelo assessor. (33 toques)

O Twitter molda a opinião pública com rapidez. (47 toques)
A opinião pública é moldada com rapidez pelo Twitter. (55 toques)

Numerais

Números falam mais que mil palavras. Será? Tire a teima. Examine as duas formas. Uma: *1998*. A outra: *mil novecentos e noventa e oito*. Está na cara, não? Os algarismos dão o recado com mais rapidez. Basta uma olhada.

um: 1   *cinquenta e dois:* 52
quatro: 4   *primeiro:* 1º
dez: 10   *centésimo décimo quinto:* 115º

Forma positiva

Vade retro, satanás! O *não* é a criatura a ser expulsa. Além de exalar enxofre, ela provoca tremores da cabeça aos pés. Não se sabe ao certo por quê. Os psicólogos lembram as repressões da infância. *Não faça isso, não faça aquilo. Não pode isso, não pode aquilo.* Os *nãos* marcam a alma vida afora. Ninguém os ama, ninguém os quer. Muitos preferem apagá-los da memória. Por isso, a forma positiva recebe as boas-vindas com aplausos e reverências. A regra: diga o que é, não o que não é:

O ônibus não é pontual? É impontual.

O médico não chega na hora marcada? Chega atrasado.

Não assisti à palestra? Faltei à palestra.

Felipão não fez mudança na equipe? Manteve a equipe.

Ele não acredita na receita? Então duvida.

Frases curtas

Como fugir das frases que se perdem no caminho? Vinicius de Moraes dá a receita: "Uma frase longa", escreveu ele, "não é nada mais que duas curtas." Eureca! Desmembremos as compridonas. Venha, ponto.

1. *Preços cobrados pelos serviços sobem muito mais que a inflação porque, sem controle, cada um faz a própria tabela.*
   1.1. Preços cobrados pelos serviços sobem muito mais que a inflação. Sem controle, cada um faz a própria tabela.
   1.2. Preços cobrados pelos serviços sobem muito mais que a inflação. Por quê? Sem controle, cada um faz a própria tabela.
2. *Trabalha sem entusiasmo, por isso não progride na carreira nem melhora o salário.*
   2.1. Trabalha sem entusiasmo. Resultado: não progride na carreira nem melhora o salário.
3. *Alguns usuários do português deram para escrever amig@s em e-mails e demais textos para, segundo eles, informar que o autor inclui todos os gêneros, dando prova, assim, de que deixa a discriminação pra lá.*
   3.1. Usuários do português deram para escrever amig@s em e-mails e demais textos. A arroba, segundo eles, informa que o

autor inclui todos os gêneros e deixa a discriminação pra lá.

3.2. Usuários do português deram para escrever amig@s em e-mails e demais textos. A arroba, segundo eles, informa que o autor inclui todos os gêneros. Xô, discriminação!

CORTAR

"É preciso descascar o texto como quem descasca uma fruta, ir buscar a semente. Escrever é principalmente cortar."

Fernando Sabino

Concisão é requinte

"Escrever é economizar palavras", ensina Drummond. "Escrever é cortar", confirma Marques Rebelo. "Seja conciso", aconselha o professor. Os três dão o mesmo recado: respeite a paciência do leitor. Quanto menos palavras você gastar pra transmitir uma ideia, melhor. Bem melhor. Prova que o autor subiu muitos degraus pra chegar ao luxo de dizer muito com pouco. Conciso não significa lacônico, mas denso. Opõe-se a vago, impreciso, verborrágico. No estilo denso, cada palavra conta.

O verbo e o substantivo são os donos e senhores do enunciado. Eles falam e dizem. As demais classes gramaticais são subalternas. Adjetivos, advérbios, pronomes, conjunções & cia. submetem-se aos caprichos dos poderosos. Por isso, têm vida instável. Na hora da tesoura, são os primeiros a rolar:

(Alguns) usuários (mais irreverentes) da língua deram pra escrever (vez ou outra) a (indesejável) arroba em (palavras como) car@s, amig@s, alun@s.

Artigos indefinidos

Um e *uma* são medicamento de tarja preta. Abra os dois olhos. A dupla amortece a força do substantivo – torna-o vago, impreciso, desmaiado. Sansão sem cabelo. Em 99% dos casos, é descartável. Jogue-o na lixeira. Sem pena:

A Lei da Ficha Limpa promove (uma) renovação no Congresso Nacional.
O ministro deu (uma) entrevista coletiva transmitida pela tevê.
O governador inaugurou (uma) estrada no interior do estado.
Foi em Nova York que Maria conheceu Paulo, (um) rapaz de (uma) elegância e talento indiscutíveis.

Pronomes *seu* e *sua*

"Livro-me dos vocábulos que estão na frase só para enfeitar ou atrapalhar", escreveu Georges Simenon. Pensava, talvez, nos pronomes *seu*, *sua*. Eles causam estragos. Tornam o texto ambíguo ou, sem função, sobrecarregam o enunciado e distraem o leitor. Rua!

O chefe garantiu aos assessores que o (seu) esforço os levaria ao êxito.
Maria e João se encontraram no aeroporto. Ao se despedirem, combinaram encontro no (seu) consultório quinta-feira.
No (seu) discurso, o presidente criticou a oposição.
O passageiro quebrou a (sua) perna, fraturou os (seus) dedos, arranhou o (seu) rosto.
Antes de sair, calçou os (seus) sapatos, vestiu a (sua) blusa e pôs os (seus) óculos escuros.

Pronome sujeito

Você estudou francês ou inglês? Então se deu conta de que somos privilegiados. A língua de Shakespeare e a de Voltaire matam a cobra e têm de mostrar o pau. Sem sujeito oculto, precisam dizer quem faz o quê ou quem é o quê. O português joga em outro time. A desinência verbal se encarrega de revelar a identidade da criatura.

(eu) trabalho
(ele) trabalha
(nós) trabalhamos
(eles) trabalham

Pronome *todos*

Ser claro é obrigação de quem escreve. O artigo definido dá recado certeiro. Ao dizer "os manifestantes fazem convocações pela internet", englobam-se todos os manifestantes. Se não são todos, o pequenino sobra: "manifestantes fazem convocações pela internet". Para quem sabe ler, pingo é letra. Se o artigo engloba, o *todos* sobra em muitas situações. Comprove:

Faço trabalho voluntário todas as terças e quintas-feiras. Faço trabalho voluntário às terças e quintas-feiras.

Vamos à missa todos os domingos.
Vamos à missa aos domingos.

O desinteresse dos estudantes pela escola preocupa todos os pais e todos os professores.
O desinteresse dos estudantes pela escola preocupa os pais e os professores.

Algum e alguma

Prestou atenção à explicação sobre as manhas do artigo no item anterior? Ela vale para *alguns* e *algumas*. Se a presença do pequenino engloba, a ausência faz o contrário. Diz que não se trata de todos, mas de alguns. Conclusão: o pronome sobra. Xô!

Alguns critérios do concurso mereceram algumas críticas severas.
Critérios do concurso mereceram críticas severas.

Temos alguns amigos essenciais. São poucos. Contam-se com alguns dedos de uma mão.
Temos amigos essenciais. São poucos. Contam-se com dedos de uma mão.

Na redação, algumas palavras sobram.
Na redação, sobram palavras.

Que é, que foi, que era

Eta duplinhas da pesada. Elas carregam duas pragas da língua de uma só vez. Uma: o pronome relativo *que*. A outra: o verbo *ser*. É fácil livrar-se das indesejadas. Basta passar a faca. Assim:

Brasília, que é a capital do Brasil, localiza-se no Planalto Central.
Brasília, a capital do Brasil, localiza-se no Planalto Central.

O Rio, que foi capital do Brasil, funciona como caixa de ressonância do país.
O Rio, ex-capital do Brasil, funciona como caixa de ressonância do país.

O movimento ecológico, que há 20 anos era considerado capricho de desocupados, figura hoje na agenda de governos dos cinco continentes.
O movimento ecológico, 20 anos atrás considerado capricho de desocupados, figura hoje na agenda de governos dos cinco continentes.

Nas referências temporais, os substantivos dia, mês e ano

O desnecessário sobra. Se sobra, pau nele.

 Marcou a viagem para o dia 6 de dezembro.
Marcou a viagem para 6 de dezembro.

 Nordestinos aguardam a bênção das chuvas do mês de março.
Nordestinos aguardam a bênção das chuvas de março.

 O Brasil conquistou a primeira Copa no ano de 1958.
O Brasil conquistou a primeira Copa em 1958.

Zeros desnecessários

Zero à esquerda? Significa sem função. Mande-o bater à porta de outra freguesia – lá, bem longe:

 São Paulo, 7.2.2010.
São Paulo, 7.2.10.

Verbo *tentar*

Dizem que assumir não é conosco. Se podemos, tiramos o corpo fora. A língua, forjada à imagem e semelhança dos falantes, fez a parte que lhe cabe. Criou o verbo *tentar*. Acertou o alvo. Ao dizer "vou tentar chegar a tempo", a pessoa não se compromete com o horário. É diferente de "vou chegar a tempo". "Quem tenta não faz", alertam os psicólogos. Têm razão. Compare:

Vou tentar provar a participação dele no complô.
Vou provar a participação dele no complô.

Vamos tentar entregar o trabalho no prazo.
Vamos entregar o trabalho no prazo.

O médico vai tentar chegar no horário.
O médico vai chegar no horário.

Expressões adiposas

Falação soa como música aos ouvidos de quem adora a própria voz. Ou como oásis no deserto aos olhos de quem se afoga em palavras. Que tal lipoaspirar as gordurinhas? Ouvintes e leitores agradecem.

Curso em nível de pós-graduação? É curso de pós-graduação. Ou pós-graduação. Ou pós.

Decisão tomada no âmbito da diretoria? É decisão tomada pela diretoria. Melhor: decisão da diretoria.

Em dezembro aumenta a oferta de trabalhos de natureza temporária? Aumenta a oferta de trabalhos temporários.

Problema de ordem emocional? É problema emocional.

TROCAR

 "Se houvesse princípios e leis fixas, os povos nunca as mudariam como mudamos de camisa."

Honoré de Balzac

Locução pela classe correspondente

Locução? Que bicho é esse? São duplinhas ou trios que fazem as vezes de substantivo, verbo, adjetivo, preposição, conjunção. Vale pra elas adaptação de velho dito popular: um é bom, dois é muito, três é demais.

Material *de guerra*? É material bélico. Criança *com educação*? É criança educada. Água *própria para beber*? É água potável. *Fazer uma viagem*? É viajar. *Pôr ordem* nos documentos? É ordenar os documentos. *Ver a beleza* do quadro? É admirar o quadro. *Pôr moedas em circulação?* É emitir moedas. A carta está *embaixo do livro*? Está sob o livro. Encontrou os pratos *em cima da* mesa? Encontrou-os sobre a mesa. Sorriu *em face do* exposto? Sorriu ante o exposto. Trabalha muito, *de maneira que* recebe bom salário? Trabalha muito, logo recebe bom salário.

Pronomes

Pegue o jornal. Abra-o em qualquer página. Leia artigos, reportagens, colunas. Lápis na mão, assinale os pronomes *todos, seu, esse, aquele, aquilo*. A conclusão é inevitável. O artigo (o, a) e o demonstrativo (o, a) caíram em desuso. A moçada os esqueceu. Em vez dos discretos monossílabos, empanturra a frase com dissílabos e trissílabos pesadões. É a receita do cruz-credo:

O presidente fez observações pouco lisonjeiras ao trabalho do Congresso. Nessas críticas, atacou sobretudo a oposição.
O presidente fez observações pouco lisonjeiras ao trabalho do Congresso. Nas críticas, atacou sobretudo a oposição.

O ministro se referiu àqueles que o aplaudiram no plenário.
O ministro se referiu aos que o aplaudiram no plenário.
O ministro se referiu a quem o aplaudiu no plenário.

Aquele que estuda tem chance na disputa por vaga em concurso.
Quem estuda tem chance na disputa por vaga em concurso.

 Aquilo que disser pode comprometê-lo no futuro.
O que disser pode comprometê-lo no futuro.

 Aquele que fala muito dá bom-dia a cavalo.
Quem fala muito dá bom-dia a cavalo.

O futuro pelo presente

Eta tempinho versátil! O presente circula com desenvoltura no presente, no passado e no futuro. Romancistas, poetas, historiadores, repórteres recorrem a ele desde sempre. Nós também. Na luta por espaço, o passeador é recurso pra lá de disputado. A razão: além de expressiva, a criatura, em geral, é mais curta:

 Nas próximas férias, vou ao Nordeste. Meus filhos vão à Europa.

 Vai viajar no fim do ano.
Viaja no fim do ano.

Escreverei o texto até o fim de semana.
Escrevo o texto até o fim de semana.

Às margens do Ipiranga, Dom Pedro dá o brado de independência ou morte.

Perguntas indiretas por perguntas diretas

A pergunta direta tem muitas vantagens. Além de mais curta, dinâmica, direta e ágil, não dá margem a corpo mole. O "?" provoca o leitor e o ouvinte na hora. A alternativa é responder ou responder. Compare:

Gostaria de saber se houve omissão no caso da morte do garoto.
Houve omissão no caso da morte do garoto?

Não tenho certeza se ele chega hoje.
Será que ele chega hoje?

Me diga se vamos ao cinema.
Vamos ao cinema?

Orações adjetivas por adjetivos

Orações adjetivas fazem as vezes de adjetivo – restringem ou explicam o nome. Se uma e outro desempenham o mesmo papel, fiquemos com o menor sempre que possível. Deste jeitinho:

Os trabalhadores que se qualificam têm mais oportunidades na empresa.
Os trabalhadores qualificados têm mais oportunidades na empresa.

Alunos que têm confiança no taco ficam calmos diante de desafios.
Alunos confiantes no taco ficam calmos diante de desafios.

Roupas com as cores que estão na moda custam mais.
Roupas com cores da moda custam mais.

Oração substantiva por substantivo

O nome diz tudo. Oração substantiva desempenha o papel de substantivo. Se uma palavra pode dar o recado de várias, fiquemos com ela. Como diz o outro, quem poupa tem:

O chefe exige que os textos sejam revisados com rigor.
O chefe exige rigor na revisão dos textos.

O filho pede que o pai lhe perdoe.
O filho pede o perdão do pai.

Noto que ocorre erosão paulatina das instituições públicas.
Noto a erosão paulatina das instituições públicas.

Oração desenvolvida por reduzida

Em tempos idos e vividos, a escola ensinava análise sintática. A meninada tremia nas bases. Identificar sujeito, predicado, objetos, adjuntos, complementos exigia engenho e arte. Distinguir adjunto adnominal de complemento nominal era um deus nos acuda. A coisa piorava na hora de ganhar familiaridade com orações desenvolvidas e reduzidas. Hoje, sabe-se que o esforço valeu a pena. A reduzida quebra senhor galho na escrita. Sobretudo, dá toque de elegância à frase:

Economizou para que o filho visitasse a família no exterior.
Economizou para o filho visitar a família no exterior.

Depois de concluir a pesquisa, parto para a redação do texto.
Concluída a pesquisa, parto para a redação do texto.

Só quando leio a última linha, fecho o livro.
Lida a última linha, fecho o livro.

Nome por verbo

Na partida, o time ganha, perde ou empata. Na língua, ocorre o mesmo. Há palavras e estruturas preferíveis a outras. Vencedoras, apoderam-se do espaço. As derrotadas, pobrezinhas, se refugiam no dicionário à espera de nova oportunidade. Mas há casos em que tanto umas quanto outras desempenham a função sem reparos. E daí? Você escolhe. No sufoco, fique com a mais curta:

Exigiu dois meses para a apresentação do projeto.
Exigiu dois meses para apresentar o projeto.

Impôs condições para a saída.
Impôs condições para sair.

Nome do mês pelo número

O recado é o mesmo. Mas a despesa não. Poupe:

Apresentou o trabalho em 30 de janeiro de 2008.
Apresentou o trabalho em 30.1.08.

Letras

Olho vivo, marinheiro de poucas viagens. A língua se compara à mulher de César. A primeira-dama do Império Romano não só tinha de ser honesta. Tinha de parecer honesta. A troca de letra não pode passar a impressão de erro. É importante o leitor saber que se trata do exercício de liberdade. Aí, o contexto conta. É natural nos chats, mas rejeitado em sites, blogues, jornais, revistas, redações escolares etc. e tal.

acho = axo
aqui = aki
aquilo = akilo
cadê = kd
quero = kero
valeu = vlw
tchau = chau

Acerte o toque

Era uma vez um comerciante do mercado público de Porto Alegre. Ele vendia sardinhas, dourados, tambaquis, pirarucus e surubins. O negócio prosperava a olhos vistos.

Cheio de entusiasmo, o gaúcho resolveu inovar. Mandou afixar enorme cartaz com os dizeres: "Hoje vendemos peixe fresco". Olhou de longe. Gostou do resultado. Orgulhoso, perguntou ao vizinho:

— O que acha da novidade?

— Legal. Mas me diga uma coisa: você vende peixe velho?

— Não.

– Então para que o *fresco*?

Apagado o adjetivo, o texto ficou assim: "Hoje vendemos peixe".

– E agora? – indagou interessado.

– Você vende peixe num dia e noutro dia outro produto? Não? O *hoje* sobra.

Nova faixa: "Vendemos peixe". Novo comentário:

– Você dá, empresta ou aluga peixe?

O anúncio ficou reduzido a uma só palavra – "Peixe".

Confiante, o gauchão apontou para o texto definitivo:

– Que tal?

– Quem passa por aqui vê os peixes expostos. Pra que a faixa?

DESCONSTRUIR

Acredite. Nós também desconstruímos textos. Na primeira redação, escrevemos o que vem à cabeça. Depois, damos vez às revisões. Releituras convocam o metro e a tesoura. Medimos, cortamos, trocamos. Oba! A ideia central sobressai. Quer ver? O enunciado a seguir tem 349 caracteres. O desafio: descarná-lo até transformar a criatura obesa em caveirinha de 89 toques. Vamos lá?

Como todo mundo sabe, em decisão polêmica, o Supremo Tribunal Federal decidiu aceitar, por seis votos a cinco, os discutíveis embargos infringentes que reduziram a pena de algumas cabeças coroadas do Partido dos Trabalhadores, entre as quais José Dirceu, poderoso chefe da Casa Civil da Presidência da República no governo Luiz Inácio Lula da Silva.

Primeira versão

Se todo mundo sabe, não precisa dizer:

Em decisão polêmica, o Supremo Tribunal Federal decidiu aceitar, por seis votos a cinco, os discutíveis embargos infringentes que reduziram a pena de al-

gumas cabeças coroadas do Partido dos Trabalhadores, entre as quais José Dirceu, poderoso chefe da Casa Civil da Presidência da República no governo Luiz Inácio Lula da Silva. (328)

Segunda versão

Caia fora, adjunto adverbial 1:

O Supremo Tribunal Federal decidiu aceitar, por seis votos a cinco, os discutíveis embargos infringentes que reduziram a pena de algumas cabeças coroadas do Partido dos Trabalhadores, entre as quais José Dirceu, poderoso chefe da Casa Civil da Presidência da República no governo Luiz Inácio Lula da Silva. (307)

Terceira versão

Xô, locução verbal:

O Supremo Tribunal Federal aceitou, por seis votos a cinco, os discutíveis embargos infringentes que reduziram a pena de algumas cabeças coroadas do Partido dos Trabalhadores, entre as quais José Dirceu, poderoso chefe da Casa Civil da Presidência da República no governo Luiz Inácio Lula da Silva. (299)

Quarta versão

Rua, adjetivos:

O Supremo Tribunal Federal aceitou, por seis votos a cinco, os embargos que reduziram a pena de algumas cabeças do Partido dos Trabalhadores, entre as quais José Dirceu, chefe da Casa Civil da Presidência da República no governo Luiz Inácio Lula da Silva. (255)

Quinta versão

Fora, *algumas*:

O Supremo Tribunal Federal aceitou, por seis votos a cinco, os embargos que reduziram a pena de cabeças do Partido dos Trabalhadores, entre as quais José Dirceu, chefe da Casa Civil da Presidência da República no governo Luiz Inácio Lula da Silva. (248)

Sexta versão

Venham, siglas:

O STF aceitou, por seis votos a cinco, os embargos que reduziram a pena de cabeças do PT, entre as quais José Dirceu, chefe da Casa Civil da Presidência da República no governo Luiz Inácio Lula da Silva. (203)

Sétima versão

Entrem, numerais:

O STF aceitou, por 6 votos a 5, os embargos que reduziram a pena de cabeças do PT, entre as quais José

69

Dirceu, chefe da Casa Civil da Presidência da República no governo Luiz Inácio Lula da Silva. (196)

Oitava versão

Bem-vinda, familiaridade:

O STF *aceitou, por 6 votos a 5, os embargos que reduziram a pena de cabeças do* PT, *entre as quais José Dirceu, chefe da Casa Civil da Presidência da República no governo Lula.* (175)

Nona versão

Saiam, especificações:

O STF *aceitou, por 6 votos a 5, os embargos que reduziram a pena de cabeças do* PT, *entre as quais José Dirceu.* (110)

Décima versão

Cai fora, adjunto adverbial 2:

O STF *aceitou os embargos que reduziram a pena de cabeças do* PT, *entre as quais José Dirceu.* (92)

Vem, enxutinha:

O STF *aceitou os embargos que reduziram a pena de cabeças do* PT. *Entre elas, José Dirceu.* (89)

RECONSTRUIR

Sente falta de expulsos do texto? Não se desespere. Você é o autor. O post comporta 140 toques. Só tem 89. Seu crédito: 51. Devolva carnes ao esqueleto. Exerça o poder. O que falta? O numeral? Traga-o de volta. Um ou outro adjetivo? Promova-lhe o retorno. Só o "como todo mundo sabe" não tem vez. Afinal, se todo mundo sabe, pra que dizer?

Dicas em até 140 caracteres

Mais flexível que cintura de político? É a língua. Sem apegos e resistências, ela se adapta ao sopro dos tempos. O século XXI tem a marca da rapidez. Faltam horas pra tanta oferta de informação. O português embarcou no clima. Mandou a falação plantar batata em solo infértil. Com a bandeira "menor é melhor", entrou glorioso na era da internet. Aqui está a prova. Dicas de português em até 140 caracteres. Qualquer um pode lançar mão dos recursos pra lá de contemporâneos de tão generosa criatura. A língua se submete com orgulho – feliz de estar na boca e no teclado de quem quer dar recados simples, claros e sedutores. Bem-vindas, rapidinhas.

ACERTAR OU ACERTAR

 Em pé e *de pé* jogam no time da canseira: *Viajou em pé. Viajou de pé. Estou em pé. Estou de pé.*

 O queijo gostoso, companheiro inseparável da pizza, tem dois nomes. Um: *mozarela*. O outro: *muçarela* – com ç sim, senhor.

 Risco de vida? *Risco de morte*? A Academia Brasileira de Letras considera ambas corretas: uma pela lógica, a outra pela tradição.

 Catorze e *quatorze* são irmãozinhos gêmeos. Escolha. A alternativa é uma só – acertar ou acertar.

 Fim de semana ou *final de semana* sugerem pausa na rotina. Fico com a curtinha *fim de semana*. Na língua moderna, menor é melhor.

 A menininha nada de braçadas. Ela é *o bebê*. É, também, *a bebê*. Elas são *os bebês*. Ou *as bebês*.

 Luís e *Luiz* figuram em certidões de nascimento. Mas *Luís* tem acento. *Luiz* não.

 Esporte e *desporto* convivem em harmonia: *Rafa é esportista. Rafa é desportista.*

O Aurélio só registra *berinjela*. O Houaiss, *beringela* e *berinjela*. Oba! Adeus, dilema!

Expandir   ◄ Responder   ⟲ Retweetar   ★ Curtir   ··· Mais

Quem tem mania de grandeza é *megalômano*. Ou *megalomaníaco*. O dicionário abona as duas palavras. A segunda é mais usada. Melhor.

Expandir   ◄ Responder   ⟲ Retweetar   ★ Curtir   ··· Mais

Bênção ou *benção*? Tanto faz. Mas o plural muda. De *bênção* é *bênçãos*. De *benção*, *benções*.

Expandir   ◄ Responder   ⟲ Retweetar   ★ Curtir   ··· Mais

Atender o telefone? *Atender ao* telefone? As duas regências cumprem a função de dizer alô: *Atendi o telefone. Atendi ao telefone.*

Expandir   ◄ Responder   ⟲ Retweetar   ★ Curtir   ··· Mais

Pisar a grama? *Pisar na grama*? Qualquer uma. Mas há preferência pela primeira. Olho vivo! É preferência. Não obrigação.

Expandir   ◄ Responder   ⟲ Retweetar   ★ Curtir   ··· Mais

O dicionário registra *Olimpíada* e *Olimpíadas* com o mesmo significado. Com qual delas você fica?

Expandir   ◄ Responder   ⟲ Retweetar   ★ Curtir   ··· Mais

Caixa dois ou *caixa 2* – a língua dá nota 10 para as duas. Não está nem aí pra Justiça.

Expandir   ◄ Responder   ⟲ Retweetar   ★ Curtir   ··· Mais

Apagão e *blecaute* fazem estragos. Apagam a luz, descongelam o freezer e deixam os noveleiros a ver navios. Valha-nos, Deus!

Expandir   ◄ Responder   ⟲ Retweetar   ★ Curtir   ··· Mais

Aterrissar e *aterrizar* dão alegria aos que tremem só de pensar em avião. Os dois verbos significam pousar em terra.

Expandir   ⬅ Responder   ⟳ Retweetar   ★ Curtir   ⋯ Mais

Que dia é hoje? Há duas respostas. Uma: Hoje *são* 24 de maio. A outra: Hoje *é* (dia) 24 de maio.

Expandir   ⬅ Responder   ⟳ Retweetar   ★ Curtir   ⋯ Mais

A maioria dos gramáticos prefere tratar os dias como as horas: *São 14h. São 14 de outubro*. Olho vivo, moçada. Preferir não é impor.

Expandir   ⬅ Responder   ⟳ Retweetar   ★ Curtir   ⋯ Mais

Ter de estudar? *Ter que* estudar? Modernamente as duas formas são sinônimas: *Tenho de sair às 2h. Tenho que sair às 2h.*

Expandir   ⬅ Responder   ⟳ Retweetar   ★ Curtir   ⋯ Mais

Saudade ou *saudades*. *Ciúme* ou *ciúmes*. Sentimento dispensa o plural. Mas, se usar o *s*, tudo bem. A língua não liga. O incomodado que reclame.

Expandir   ⬅ Responder   ⟳ Retweetar   ★ Curtir   ⋯ Mais

Cota na universidade? Ou *quota*? Errar é impossível.

Expandir   ⬅ Responder   ⟳ Retweetar   ★ Curtir   ⋯ Mais

Alcoólatra e *alcoólico* são sinônimos. *Alcoólico* é preferível por ser politicamente correto.

Expandir   ⬅ Responder   ⟳ Retweetar   ★ Curtir   ⋯ Mais

Existem as duas palavras: *alcoólatra* e *alcoolista*.

Expandir   ⬅ Responder   ⟳ Retweetar   ★ Curtir   ⋯ Mais

DICAS EM ATÉ 140 CARACTERES

O personagem ou *a personagem*? Não faz diferença: *o personagem Emília, a personagem Emília; o personagem Pedrinho, a personagem Pedrinho.*

Expandir   Responder   Retweetar   Curtir   Mais

O dicionário abona *má-formação* e *malformação* do feto. Você escolhe. Sem erro.

Expandir   Responder   Retweetar   Curtir   Mais

Má-criação ou *malcriação*? Nota 10 para as duas escritas. Zero para o comportamento.

Expandir   Responder   Retweetar   Curtir   Mais

Sub-humano ou *subumano* – qual você prefere?

Expandir   Responder   Retweetar   Curtir   Mais

Os pernambucanos exigem *o* Recife. Os demais brasileiros, Recife. O artigo é charme regional.

Expandir   Responder   Retweetar   Curtir   Mais

Sem reparos: *Recife é a capital de Pernambuco. O Recife é a capital de Pernambuco. Moro em Recife. Moro no Recife.*

Expandir   Responder   Retweetar   Curtir   Mais

FHC prega a *descriminação* ou *descriminalização* da maconha. Ambas deixam o crime longe da ervinha. Fico com a mais curta.

Expandir   Responder   Retweetar   Curtir   Mais

Entrar de férias ou *sair de férias*? O sentido é o mesmo – tempo pra curtir o prazer. Oba!

Expandir   Responder   Retweetar   Curtir   Mais

Aplauso para as duas construções: Estou *em férias*. Estou *de férias*. Viva! É hora de sombra e água fresca.

Expandir ◆ Responder ✧ Retweetar ★ Curtir ··· Mais

Loura ou *loira* não faz diferença. O dourado se mantém em ambos os ditongos. É brilhar ou brilhar.

Expandir ◆ Responder ✧ Retweetar ★ Curtir ··· Mais

Entrega-se a carta *em mão* ou *em mãos*. Há pouco, só o singular tinha vez. O Houaiss registrou o plural. Agora, singular ou plural é igual.

Expandir ◆ Responder ✧ Retweetar ★ Curtir ··· Mais

Dilma, *presidenta* ou *presidente* do Brasil? Acredite. O dicionário diz que as duas grafias estão certinhas. Amém.

Expandir ◆ Responder ✧ Retweetar ★ Curtir ··· Mais

"Quero vencer o deficit habitacional", disse Dilma. O *Vocabulário ortográfico* (*Volp*) registra *deficit* e *défice*. É só escolher.

Expandir ◆ Responder ✧ Retweetar ★ Curtir ··· Mais

O diabete, *a diabete*, *o diabetes*, *a diabetes*? Tanto faz. Mas o *s* não é signo de plural: *o diabetes sacarino*, *a diabetes sacarina*.

Expandir ◆ Responder ✧ Retweetar ★ Curtir ··· Mais

Corão ou *Alcorão* dão nome à *Bíblia* muçulmana. *Corão*, *Alcorão* e *Bíblia* têm o mesmo significado: o livro.

Expandir ◆ Responder ✧ Retweetar ★ Curtir ··· Mais

O *al* de *Alcorão* é o mesmo que aparece em *algodão* e *álcool*. Trata-se do artigo árabe. Equivale ao *o (a)* em português: *o guia*, *a vida*.

Expandir ◆ Responder ✧ Retweetar ★ Curtir ··· Mais

DICAS EM ATÉ 140 CARACTERES

 Existem as duas grafias: *cotidiano* e *quotidiano*. Eu prefiro a primeira. E você?

 ABC e *á-bê-cê* dão nome ao abecedário. Reparou na generosidade dos acentos?

 Abrupto ou *ab-rupto*? Ora veja! O *Volp* registra as duas grafias. Você decide.

 Veredito e *veredicto* estão no pai de todos nós. A decisão depende do gosto do freguês.

 Percentagem ou *porcentagem*? *Ouro* ou *oiro*? Feche os olhos e escolha. Resultado: salva de palmas.

 Quem antecipa necessidades é *proativo* ou *pró-ativo*? O *Volp* registra as 2 grafias. O Aurélio e o Houaiss, *proativo*. E daí? O *Volp* manda.

 Agilizar e *agilitar* estão às ordens. É acertar ou acertar.

 Botijão de gás ou *bujão* de gás? Você manda. Exerça o poder.

Lei 8.112/90 ou *Lei nº 8.112/90*. Não há erro. O *nº* é questão de gosto.

Expandir   Responder   Retweetar   Curtir   Mais

 Existem as duas formas: Ele *se deu ao luxo* de sair. Ele *se deu o luxo* de sair.

Expandir   Responder   Retweetar   Curtir   Mais

 O substantivo *agravante* joga em dois times. Pode ser masculino ou feminino: *O caso tem um (uma) agravante*.

Expandir   Responder   Retweetar   Curtir   Mais

 Com vista a e *com vistas a* recebem aplausos entusiasmados: *Fez o trabalho com vista (com vistas) à promoção*.

Expandir   Responder   Retweetar   Curtir   Mais

 Gente *com que* lido? Gente *com a qual* lido? Eta linguinha mão-aberta. O pão-durismo fica lá, bem longe.

Expandir   Responder   Retweetar   Curtir   Mais

 No dia *que* ela chegou? No dia *em que* ela chegou? A decisão é sua.

Expandir   Responder   Retweetar   Curtir   Mais

 Tinha ganho e *tinha ganhado* garantem a sorte: *Ela tinha ganho um prêmio. Ela tinha ganhado um prêmio.*

Expandir   Responder   Retweetar   Curtir   Mais

 Tinha pago e *tinha pagado* dão o recado: nada de dívidas.

Expandir   Responder   Retweetar   Curtir   Mais

DICAS EM ATÉ 140 CARACTERES

Havia pego e *havia pegado* – não há jeito de escapar.

Expandir

O *e* de *pego* é aberto ou fechado? Depende da região. O Nordeste abre. O sulista fecha.

Expandir

O alvo *é* os meninos? *São os* meninos? O verbo pode concordar com o sujeito (alvo) ou o predicativo (meninos). O plural é melhor: *O alvo são os meninos.*

Expandir

Metade das peras apodreceu? *Apodreceram*? Trata-se do partitivo. O verbo pode concordar c/ o sujeito (metade) ou o complemento (peras).

Expandir

Doses duplas: *A **maioria** dos pais **saiu**. A maioria dos **pais** saíram. A maior **parte** dos alunos **saiu**. A maior parte dos **alunos saíram**.*

Expandir

Mais doses duplas: ***Grupo** de estudantes **viajou**. Grupo de **estudantes viajaram**. **Bando** de ladrões **saiu**. Bando de **ladrões saíram**.*

Expandir

Percentagem joga no time dos partitivos: ***1%** dos alunos **saiu** (concorda com 1) ou **saíram** (concorda com **alunos**).* É a dose dupla.

Expandir

Rapar ou *raspar* o cabelo não faz diferença. O resultado é um só – carequinha da silva.

Expandir

Enfarte, enfarto, infarto – o trio merece banda de música e tapete vermelho. Mas fique bem longe de nós. Xô!

Expandir

81

Como ESCREVER *na* INTERNET

ACERTAR OU ERRAR

Abreviatura

 O 1º dia do mês se escreve em ordinal. Os demais, em cardinal: *Hoje é 1º de julho. Pago as contas no dia 1º. O aluguel vence dia 25.*
Expandir   ⬅ Responder   ♻ Retweetar   ★ Curtir   ⋯ Mais

 Abreviar horas? É sem-sem-sem – sem espaço, sem plural e sem ponto: *12h, 12h30, 12h30min40s.*
Expandir   ⬅ Responder   ♻ Retweetar   ★ Curtir   ⋯ Mais

 A forma preguiçosa de *Vossa Excelência*? É *V.Exª*. De *número*, *n^o*. De *apartamento*, *ap*. De *professor*, *prof*. De *professora*, *prof^a*.
Expandir   ⬅ Responder   ♻ Retweetar   ★ Curtir   ⋯ Mais

 Ph.D. O trio vem do latim *philosophiae Doctor*. Em bom português: doutor em filosofia.
Expandir   ⬅ Responder   ♻ Retweetar   ★ Curtir   ⋯ Mais

 Sabia? A boa-vida mantém o acento da palavra compridona: *século (séc.)*, *página (pág.)*.
Expandir   ⬅ Responder   ♻ Retweetar   ★ Curtir   ⋯ Mais

Sigla

Sigla, pra que te quero? Pra encurtar o tamanho das palavras. *Comissão parlamentar de inquérito* vira três letras: *CPI*.

Expandir ⬩ Responder ⬩ Retweetar ⬩ Curtir ⬩ Mais

Grafam-se com todas as letras grandonas as siglas com até 3 letras ou as pronunciadas letra a letra: *PM, ONU, INSS*.

Expandir ⬩ Responder ⬩ Retweetar ⬩ Curtir ⬩ Mais

Vêm, maiúsculas: *unidade de terapia intensiva (UTI), Banco Nacional de Desenvolvimento Econômico e Social (BNDES)*.

Expandir ⬩ Responder ⬩ Retweetar ⬩ Curtir ⬩ Mais

A malandra tem mais de três letras e não é pronunciada letra a letra? Só a inicial sobressai: *Departamento de Trânsito (Detran)*.

Expandir ⬩ Responder ⬩ Retweetar ⬩ Curtir ⬩ Mais

Sigla tem plural? Tem. Basta acrescentar um s pequenino: PMs, *Detrans*, CPIs.

Expandir ⬩ Responder ⬩ Retweetar ⬩ Curtir ⬩ Mais

Estrangeirinhas

A língua, pra lá de dinâmica, se apropria de termos estrangeiros: *show, shopping, marketing*.

Expandir ⬩ Responder ⬩ Retweetar ⬩ Curtir ⬩ Mais

Também cria derivados de palavras vindas de outros países: *post (postar), Twitter (tuitar), blog (blogar)*.

Expandir ⬩ Responder ⬩ Retweetar ⬩ Curtir ⬩ Mais

Como ESCREVER na INTERNET

Estrangeirinhas se naturalizam. Viram portuguesas da silva: *stress (estresse)*, *gang (gangue)*, *film (filme)*, *blog (blogue)*.

Expandir   ↳ Responder   ♺ Retweetar   ★ Curtir   ··· Mais

Como lidar com as criaturas que vêm de fora? Se a palavra estiver aportuguesada, fique com ela: *gangue*, *surfe*, *premiê*.

Expandir   ↳ Responder   ♺ Retweetar   ★ Curtir   ··· Mais

Customizar e *performance*? Em bom português: *personalizar* e *desempenho*. *Avant-première* ou *pré-estreia*? A verde-amarela, claro: *pré-estreia*.

Expandir   ↳ Responder   ♺ Retweetar   ★ Curtir   ··· Mais

Você fala português? Escreva *xampu*. Deixe *shampoo* para os ingleses. Tome um *chope* e faça *checape*. Tudo com grafia 100% nacional.

Expandir   ↳ Responder   ♺ Retweetar   ★ Curtir   ··· Mais

A japonesa *tsunami* tem duas partes. Uma: *tsu* = porto. A outra: *nami* = onda, mar. Ela é masculina sim, amigos: *o tsunami*.

Expandir   ↳ Responder   ♺ Retweetar   ★ Curtir   ··· Mais

Nomes estrangeiros usuais agradecem, mas dispensam o itálico: show, shopping, gay, commodities.

Expandir   ↳ Responder   ♺ Retweetar   ★ Curtir   ··· Mais

Família

Cabeleireiro vem de *cabeleira*. Eis o porquê dos dois ii.

Expandir   ↳ Responder   ♺ Retweetar   ★ Curtir   ··· Mais

DICAS EM ATÉ 140 CARACTERES

 Revezamento deriva de *vez*. Filho de peixe peixinho é. O *z* identifica a família.

 "Ele é useiro e vezeiro em criar confusão." O poder do clã explica o *s* e o *z*: *useiro* vem de *uso*; *vezeiro*, de *vezo* (hábito).

 De *tábua* nasce *tabuada*. Assim, com *u*. Nada de *taboada*, por favor.

 Traz é filhote de *trazer*. O *z*, dedo-duro, denuncia quem é quem.

 Atraso, atrasar, atrasado derivam de *trás* – como *traseiro*, *atrás*, *detrás*, *por trás*. Daí o *s*.

Mal e mau

 Mal ou *mau*? Na dúvida, parta pro troca-troca. Substitua pelo contrário. *Mal* é o contrário de *bem*. *Mau*, o oposto de *bom*.

 Mau uso? *Mal uso*? *Mal-humorado*? *Mau humorado*? Vem, troca-troca: *mau uso* (*bom uso*), *mal-humorado* (*bem-humorado*).

85

Mais exemplos? Ei-los: *mau (bom) humor, mau (bom) uso da água. Não há mal que sempre dure nem bem que nunca se acabe.*

Expandir

Mãozinha pra memória? Lembre-se do rabo do lobo mau. Ele faz uma curva como o *u*: *O lobo mau toma mingau.*

Expandir

Pior ou *mais mal*? Com o particípio, *mais mal*: *livro mais mal escrito, blusa mais mal bordada, saco mais mal lavado.*

Expandir

Mais bem ou *melhor*? Com o particípio, *mais bem*: *livro mais bem escrito, prova mais bem corrigida, vestido mais bem costurado.*

Expandir

"Universidade melhor colocada?" Não. Com o particípio, tem vez o *mais bem*: *universidade mais bem colocada, trabalho mais benfeito.*

Expandir

Na língua há comparações manhosas. Elas pedem *mais bom* / *mais mau* e *mais bem* / *mais mal*. E como saber que se está adiante de uma comparação "manhosa"?

Expandir

Comparações manhosas: *Ele é mais bom do que mau. Ele é mais mau do que bom. Ele lê mais bem do que mal. Ele lê mais mal do que bem.*

Expandir

Não é comparação manhosa nem antecede particípio? Vêm, *melhor* e *pior*: *Lê melhor do que fala. É a pior lei do país. Vê o melhor filme do ano.*

Expandir

Eu e mim

Mim não faz nem acontece. Tradução: *mim* não funciona como sujeito. Quem faz e acontece é *eu*: *Este trabalho é para **eu fazer**.*

Expandir

Carta pra eu escrever? Pra mim escrever? Olho vivo! *Mim* não pode ser sujeito. Quem escreve? Eu: *carta pra **eu escrever**.*

Expandir

Eu é pronome reto. Funciona como sujeito (eu vou). *Mim* é pronome oblíquo. Funciona como objeto: *Gosta **de mim**. Leu **pra mim**.*

Expandir

Superdica: na dúvida, troque o *eu* ou o *mim* por *nós*. Se o verbo se flexionar, dê a vez ao *eu*: *Livro pra **nós lermos**. Livro pra **eu ler**.*

Expandir

Acordo firmado entre *mim e ele*? Entre *eu e ele*? Sem verbo pra flexionar, palmas pra *mim*: *Acordo firmado **entre mim e ele**.*

Expandir

Ler pra mim é fácil. Certo? Certo. O *mim* não é sujeito. Duvida? Inverta a ordem: *Para mim, ler é fácil.*

Expandir

Vem, superdica: "Para mim, ler é fácil. Mas, para eu ler, preciso de óculos". Ler pra nós é fácil. Mas, para lermos, precisamos de óculos.

Expandir

Como ESCREVER na INTERNET

Porquês

Por que, por quê, porque ou porquê? Todo mundo tem dúvida. Mas é possível mandá-la plantar batata no asfalto. Quer ver?
Expandir   ◆ Responder   ◇ Retweetar   ★ Curtir   — Mais

Por que se usa em pergunta direta: *Por que você faltou à aula? Por que sairemos mais cedo? Por que eles perderam o voo?*
Expandir   ◆ Responder   ◇ Retweetar   ★ Curtir   — Mais

Por que também se usa quando for substituível por "a razão pela qual": *Sei por que (a razão pela qual) ele se atrasou.*
Expandir   ◆ Responder   ◇ Retweetar   ★ Curtir   — Mais

Por que construí Brasília é o nome de livro de JK. Certo? Certíssimo. Por que = a razão pela qual.
Expandir   ◆ Responder   ◇ Retweetar   ★ Curtir   — Mais

Por quê? Só quando vem coladinho no ponto: *Ele caiu por quê? Ele caiu, mas não sei por quê.*
Expandir   ◆ Responder   ◇ Retweetar   ★ Curtir   — Mais

Nota 10: João saiu. Gostaria de saber *por quê*. Luís chora. Não explica *por quê*. Alguém sabe *por quê*?
Expandir   ◆ Responder   ◇ Retweetar   ★ Curtir   — Mais

Porque (coladinho) é conjunção causal. Abra-lhe alas na resposta a perguntas: *Por que me atrasei? Porque perdi o avião.*
Expandir   ◆ Responder   ◇ Retweetar   ★ Curtir   — Mais

Porquê é substantivo. Vem acompanhado de artigo, numeral ou pronome. Tem plural: *Sei o porquê dos porquês. Entendi esse porquê.*
Expandir   ◆ Responder   ◇ Retweetar   ★ Curtir   — Mais

Entendeu por que o porquê dos porquês dá nó nos miolos? Porque é difícil. Mas, desvendados os porquês, fica fácil. Você sabe por quê.

Expandir ⬅ Responder ⟳ Retweetar ★ Curtir ··· Mais

Onde e aonde

Onde e *aonde* indicam lugar. Quando empregar um ou outro?

Expandir ⬅ Responder ⟳ Retweetar ★ Curtir ··· Mais

O *aonde* é mais raro que viúvo na praça. Só aparece com verbos de movimento que exigem a preposição a: *ir a, dirigir-se a.*

Expandir ⬅ Responder ⟳ Retweetar ★ Curtir ··· Mais

A gente vai **a** algum lugar: *Aonde você vai? Diga aonde você vai. Sei aonde ele vai. Sabe aonde ele foi? Se eu soubesse aonde ele foi, diria.*

Expandir ⬅ Responder ⟳ Retweetar ★ Curtir ··· Mais

A gente chega **a** algum lugar: *Aonde ele quer chegar? Não sei aonde ele quer chegar. Você sabe aonde ele quer chegar?*

Expandir ⬅ Responder ⟳ Retweetar ★ Curtir ··· Mais

Leva-se alguém **a** algum lugar: *Aonde a teimosia o levará? Sabe aonde a teimosia o levará? Eu sei.*

Expandir ⬅ Responder ⟳ Retweetar ★ Curtir ··· Mais

Olho vivo! Para o *aonde* ter vez, impõem-se as duas condições: verbo de movimento e a preposição *a*.

Expandir ⬅ Responder ⟳ Retweetar ★ Curtir ··· Mais

Assistir exige a preposição *a*. Mas não é de movimento. Com ele, o aonde não dá as caras: *Onde ela assistiu ao show? Sei onde ela assistiu.*
Expandir   ↰ Responder   ♺ Retweetar   ★ Curtir   ⋯ Mais

Correr é verbo de movimento, mas não exige a preposição *a*. O aonde não tem vez. Xô! Melhor: *Onde você correu?*
Expandir   ↰ Responder   ♺ Retweetar   ★ Curtir   ⋯ Mais

Sem verbos de movimento que exigem a preposição *a*, é a vez do *onde*: *Onde você mora? Gostaria de saber onde você mora. Onde ele está?*
Expandir   ↰ Responder   ♺ Retweetar   ★ Curtir   ⋯ Mais

Este, esse e aquele

Este, esse, aquele? Que confusão! Mas há luz no fim do túnel. Os demonstrativos têm três empregos: situação no tempo, no lugar e no texto.

Tempo

Este se escreve com **t**. *Presente* tb. Ao se referir ao ano em curso, diga *este* ano; ao mês em curso, *este* mês; à semana em curso, *esta* semana.
Expandir   ↰ Responder   ♺ Retweetar   ★ Curtir   ⋯ Mais

Esse se grafa com **ss**. Pa**ss**ado tb. *Esse* e *aquele* indicam tempo pa**ss**ado: *Vi João em 1990. Nesse (ou naquele) tempo, estudávamos na UnB.*
Expandir   ↰ Responder   ♺ Retweetar   ★ Curtir   ⋯ Mais

DICAS EM ATÉ 140 CARACTERES

A diferença entre *esse* e *aquele* na indicação de tempo? *Esse* fala de passado próximo; *aquele*, de passado remoto.

Expandir   ◄ Responder   ♢ Retweetar   ★ Curtir   ··· Mais

Como saber se o passado é próximo ou remoto? O tempo é psicológico. Depende de cada pessoa.

Expandir   ◄ Responder   ♢ Retweetar   ★ Curtir   ··· Mais

"Naquele tempo", dizem os contos de fadas. Com razão. É tempo muiiiiiiiiiiiiiiiiiito longínquo.

Expandir   ◄ Responder   ♢ Retweetar   ★ Curtir   ··· Mais

Lugar

Quando usar *este*, *esse* e *aquele* na indicação de lugar? Depende da proximidade em relação às pessoas do discurso.

Expandir   ◄ Responder   ♢ Retweetar   ★ Curtir   ··· Mais

Pessoas do discurso não têm a ver com pronunciamentos, falação de político. *Discurso*, no caso, significa conversa, bate-papo.

Expandir   ◄ Responder   ♢ Retweetar   ★ Curtir   ··· Mais

No bate-papo, aparecem três pessoas: alguém fala (eu, nós), alguém escuta (tu, você, vocês), fala-se de algo ou alguém (ele, ela).

Expandir   ◄ Responder   ♢ Retweetar   ★ Curtir   ··· Mais

João pergunta a Rafa: "Vamos ao cinema?" Aí, a 1ª pessoa é João. A 2ª, Rafa. A 3ª, a ida ao cinema.

Expandir   ◄ Responder   ♢ Retweetar   ★ Curtir   ··· Mais

Rafa responde: "Oba! Vamos!" Viu? Agora, Rafa vira 1ª pessoa; João, 2ª; a 3ª permanece. É a ida ao cinema.

Expandir   Responder   Retweetar   Curtir   Mais

Este diz que o objeto está perto da 1ª pessoa: *esta bolsa* (a bolsa está perto de mim), *esta sala* (a sala onde estou).

Expandir   Responder   Retweetar   Curtir   Mais

"Nunca antes *neste* país", repetia Lula. Certo? Certo. Ele se referia ao país no qual estava.

Expandir   Responder   Retweetar   Curtir   Mais

"*Este* é um país que vai pra frente", apregoavam os militares. Nota 10. Eles estavam no Brasil e se referiam ao Brasil.

Expandir   Responder   Retweetar   Curtir   Mais

Esse informa que o objeto está perto da 2ª pessoa: *Esse livro* aí é seu? Gosto *dessa bolsa* que você está usando.

Expandir   Responder   Retweetar   Curtir   Mais

Aquele anuncia que o objeto está distante da 1ª e da 2ª pessoa: *aquele quadro* (o quadro está longe de quem fala e de quem escuta).

Expandir   Responder   Retweetar   Curtir   Mais

Texto

Este ou *esse*? Depende da ordem de referência. O *este* anuncia o que vem depois; o *esse*, o que já veio, já foi dito.

Expandir   Responder   Retweetar   Curtir   Mais

DICAS EM ATÉ 140 CARACTERES

 F. Pessoa escreveu *este* verso: "Tudo vale a pena se a alma não é pequena". Viu? Primeiro, o verso é anunciado. Depois, referido.

Expandir   Responder   Retweetar   Curtir   Mais

 "Tudo vale a pena se a alma não é pequena." *Esse* verso é de F. Pessoa. Notou a manha? O *esse* retoma o já dito – o verso.

Expandir   Responder   Retweetar   Curtir   Mais

 Outro exemplo? Comprei uma casa na praia. *Nessa* praia, moram amigos meus. (Nessa qual? Na praia citada antes.)

Expandir   Responder   Retweetar   Curtir   Mais

 Mais? Morei na França em 2008. *Nessa* época, estudei francês. (Que época? 2008, informada na frente.)

Expandir   Responder   Retweetar   Curtir   Mais

 Superdica: *este* indica o futuro, o que vem depois. *Esse*, o pa**ss**ado, o que veio antes.

Expandir   Responder   Retweetar   Curtir   Mais

Duplinhas

 Afim, coladinho, tem relação com afinidade: *Sogra é parente afim. Literatura e história são disciplinas afins.*

Expandir   Responder   Retweetar   Curtir   Mais

 A fim = para, com vontade de: *Estudo a fim de (para) passar no concurso. Estou a fim de viajar. Mas ele não está a fim.*

Expandir   Responder   Retweetar   Curtir   Mais

Como ESCREVER na INTERNET

"Ela não está *a fim* de você". *A fim*, no caso, quer dizer *com vontade de ficar com você*. Escreve-se um lá e outro cá.

Expandir   Responder   Retweetar   Curtir   Mais

Demais = muito. **De mais** opõe-se a *de menos*: *Comi demais. Há processos de mais e juízes de menos. Não vejo nada de mais nela.*

Expandir   Responder   Retweetar   Curtir   Mais

Benfeito se opõe a *malfeito*: *trabalho benfeito, corpo benfeito.*

Expandir   Responder   Retweetar   Curtir   Mais

Bem feito! A interjeição exprime prazer por algo de mau ocorrido a outrem.

Expandir   Responder   Retweetar   Curtir   Mais

Estória está no dicionário, mas caiu em desuso. Agora é só **história**: *História do Brasil, história da Branca de Neve.*

Expandir   Responder   Retweetar   Curtir   Mais

Mais = contrário de *menos*: *Ela sai mais (menos) que ele. Comi mais que você. Disse isto – sem mais nem menos.*

Expandir   Responder   Retweetar   Curtir   Mais

Mas = porém, todavia, contudo: *Estuda muito, mas tira notas baixas. Come demais, mas mantém o peso. Que inveja!*

Expandir   Responder   Retweetar   Curtir   Mais

DICAS EM ATÉ 140 CARACTERES

Ao invés de? Em vez de? Ao invés de = ao contrário de. *Em vez de* = em lugar de: *Falou ao invés de calar-se. Comeu peixe em vez de carne.*
Expandir   ◂ Responder   ♻ Retweetar   ★ Curtir   — Mais

Na dúvida, poupe a cabeça. Use *em vez de*. O trio vale por dois: *Falou em vez de calar-se. Comeu peixe em vez de carne.*
Expandir   ◂ Responder   ♻ Retweetar   ★ Curtir   — Mais

Ao invés de tem emprego mais restrito (ao contrário de). *Em vez de*, mais amplo. Com ele, não dá outra. É 10 ou 10.
Expandir   ◂ Responder   ♻ Retweetar   ★ Curtir   — Mais

De encontro? Ao encontro? Ops! Olho vivo! A preposição faz senhora diferença. Bobear é proibido.
Expandir   ◂ Responder   ♻ Retweetar   ★ Curtir   — Mais

Ao encontro = na direção: *O filho foi ao encontro do pai. A Lei da Ficha Limpa veio ao encontro das expectativas da sociedade.*
Expandir   ◂ Responder   ♻ Retweetar   ★ Curtir   — Mais

De encontro = oposição: *O carro foi de encontro à árvore. Lula foi de encontro à opinião pública mundial ao apoiar o Irã.*
Expandir   ◂ Responder   ♻ Retweetar   ★ Curtir   — Mais

Como ESCREVER na INTERNET

A nível de não existe. Existe **ao nível de** (= à altura de): *Santos fica* **ao** *nível do mar.*

Expandir   Responder   Retweetar   Curtir   Mais

Em nível de quer dizer *no âmbito de*: *Faço um curso em nível de pós-graduação. A decisão foi tomada em nível de diretoria.*

Expandir   Responder   Retweetar   Curtir   Mais

Acredite. *Em nível de* sobra: *Faço um curso (em nível) de pós-graduação. A decisão foi tomada (em nível de) pela diretoria.*

Expandir   Responder   Retweetar   Curtir   Mais

À medida que ou *na medida em que*? Depende. A diferença é graaaaaaaaaande como o dia e a noite.

Expandir   Responder   Retweetar   Curtir   Mais

À medida que = à proporção que: *À medida que leio, melhoro minha grafia.*

Expandir   Responder   Retweetar   Curtir   Mais

Na medida em que = porque, tendo em vista: *O Brasil erradicou a paralisia infantil na medida em que promoveu correta campanha de vacinação.*

Expandir   Responder   Retweetar   Curtir   Mais

Cuidado: *À medida em que* mistura duas locuções. É monstro híbrido cujo significado ninguém conhece. Xô, satanás!

Expandir   Responder   Retweetar   Curtir   Mais

DICAS EM ATÉ 140 CARACTERES

O diminutivo de **pai** é *paizinho*. De **país**, *paisinho*. Viu? Em *paisinho*, o sufixo *inho* se cola ao *s*. Sem *s* ou *z*, *paizinho* precisa de uma ponte. Vem, *z*.

Expandir   Responder   Retweetar   Curtir   Mais

O *z* de *paizinho* é consoante de ligação. Aparece em palavras que precisam de sufixo, mas não têm *s* ou *z* em que se colar: *café, cafezal*.

Expandir   Responder   Retweetar   Curtir   Mais

Cavaleiro = pessoa que anda a cavalo. *Cavalheiro* = homem gentil, educado. Existem cavaleiros cavalheiros e cavalheiros cavaleiros.

Expandir   Responder   Retweetar   Curtir   Mais

Casaizinhos

Na língua há casais. São estruturas fixas. Com eles, vale a frase casamenteira: o que Deus juntou os homens não separam.

Expandir   Responder   Retweetar   Curtir   Mais

Entre...e: *Ganha* **entre** *2* **e** *3 salários mínimos. Nada existe* **entre** *mim* **e** *você. Período* **entre** *março* **e** *junho*, **entre** *terça* **e** *sexta-feira*.

Expandir   Responder   Retweetar   Curtir   Mais

De...a: *Viaja* **de** *segunda* **a** *sexta* **de** *São Paulo* **a** *Santos. Vai* **de** *2015* **a** *2025. O período é* **de** *10* **a** *15 maio*.

Expandir   Responder   Retweetar   Curtir   Mais

Da (do)...à (ao): *Viu-o* **da** *entrada* **à** *saída. Andou* **da** *Av. Brasil* **à** *Av. Barcelos* **das** *14h* **às** *16h. Li* **da** *meia-noite* **ao** *meio-dia.*

 Casais são fiéis. Trocar pares são cruzamentos. Nota zero para: *de* segunda *à* quinta, *entre* 12 *a* 15 de maio, *de* 8 *às* 18h. Xô, promiscuidade!

Enganadoras

 Marcha a ré é sem-sem: sem hífen e sem crase.

 Sabia? *Dignatário* não existe. A forma é *dignitário* (pessoa que exerce cargo importante).

 O roedor esperto? É o *camundongo*. Com *u*. Camondongo não existe. Xô!

 Beneficência e *beneficente* se escrevem assim – sem tirar nem pôr.

 Afora tem essa cara – tudo coladinho: *casa afora, Brasil afora, mundo afora.*

DICAS EM ATÉ 140 CARACTERES

 Sem bobeira, moçada. *Extender* com x não existe. Só existe *estender* com s. Logo, *a garantia é estendida*.

Expandir   Responder   Retweetar   Curtir   Mais

 Aficionado tem alergia à dose dupla. O *c* reina solitário.

Expandir   Responder   Retweetar   Curtir   Mais

 A fruta pretinha 100% nacional? É a *jabuticaba*. Jaboticaba? Valha-nos, Deus! Dá indigestão.

Expandir   Responder   Retweetar   Curtir   Mais

 Você joga um baralhinho? A carta pra lá de cobiçada se chama *curinga*. Coringa não está com nada. Rouba a sorte. Xô!

Expandir   Responder   Retweetar   Curtir   Mais

 O lugar onde se bebem umas e outras? É o *boteco,* preferência dos mineiros. (Não vale buteco.)

Expandir   Responder   Retweetar   Curtir   Mais

 Olho vivo! *Cincoenta* não existe. A palavra é *cinquenta*.

Expandir   Responder   Retweetar   Curtir   Mais

 Protocolar ou *protocolizar*? *Protocolar,* claro. Protocolizar joga no time do cruz-credo. Rua!

Expandir   Responder   Retweetar   Curtir   Mais

 As festas de junho são *juninas*. As de julho, *julinas*. Em ambas, pamonha, pé de moleque, paçoquinha fazem a farra. Viva!

Expandir   Responder   Retweetar   Curtir   Mais

Como ESCREVER na INTERNET

Exceção se escreve assim – com ç. Ela deriva de excetuar.

Expandir   Responder   Retweetar   Curtir   Mais

O adjetivo derivado de Acre? É *acriano*. Assim mesmo – com *i*.

Expandir   Responder   Retweetar   Curtir   Mais

Quem nasce na Argentina é *argentino*. Quem vem ao mundo em Buenos Aires, *portenho*. É, mais ou menos, como *paulista* e *paulistano*.

Expandir   Responder   Retweetar   Curtir   Mais

Peça um prato *à la carte*. A expressão é francesa. Daí o acento. Engoli-lo? Valha-nos, Deus! Dá indigestão.

Expandir   Responder   Retweetar   Curtir   Mais

Olho vivo! *Alface* é nome feminino e não abre: *a alface*, *a alface americana*, *a alface crespa*. Trocar o gênero? A folha não desce. Engasga.

Expandir   Responder   Retweetar   Curtir   Mais

Expressões

Sabia? A expressão é *círculo vicioso*. O contrário? É *círculo virtuoso*.

Expandir   Responder   Retweetar   Curtir   Mais

Ciclo vicioso? Nãooooooooo! Ciclo tem fim (ciclo do ouro, ciclo da cana). O *círculo* não acaba. Nota 10 para *círculo vicioso*.

Expandir   Responder   Retweetar   Curtir   Mais

DICAS EM ATÉ 140 CARACTERES

 Ele proclamou *alto e bom som*? Proclamou *em alto e bom som*? A expressão é *alto e bom som*. A preposição *em* não tem vez. Xô!

Expandir   ◄ Responder   ♺ Retweetar   ★ Curtir   ⋯ Mais

 Ops! Olho na expressão *dar à luz*. Ela vai dar à luz um menino. Maria deu à luz gêmeos.

Expandir   ◄ Responder   ♺ Retweetar   ★ Curtir   ⋯ Mais

 Muitos dizem dar à luz "a" um bebê. Nada feito: *Paula deu à luz Maria. Carla deu à luz garotão de 5kg.*

Expandir   ◄ Responder   ♺ Retweetar   ★ Curtir   ⋯ Mais

 Sem bobeira: a transmissão é *em cores*, a capa é *em cores*, o pôster é *em cores*. A TV não foge à regra: TV *em cores* ou *em preto e branco*.

Expandir   ◄ Responder   ♺ Retweetar   ★ Curtir   ⋯ Mais

 A meu ver? *Ao meu ver*? Expressões com pronome possessivo dispensam o artigo: *a meu ver, a meu lado, a seu pedido, a nosso bel-prazer.*

Expandir   ◄ Responder   ♺ Retweetar   ★ Curtir   ⋯ Mais

 Olho vivo! *Face a* não é português. A forma vernácula é *em face de*: *Em face do exposto, nada mais se pode fazer.*

Expandir   ◄ Responder   ♺ Retweetar   ★ Curtir   ⋯ Mais

 Andamos *para a frente* ou *para frente*? Vale a comparação: *Andamos para os lados*. Logo, *andamos para a frente*.

Expandir   ◄ Responder   ♺ Retweetar   ★ Curtir   ⋯ Mais

 Por ora? **Por hora**? O **h** faz senhora diferença. **Por ora** = por agora. **Por hora** = por 60 minutos: *Por ora, a velocidade é de 60km por hora.*

Expandir   ◄ Responder   ♺ Retweetar   ★ Curtir   ⋯ Mais

Vive *à custa* do pai? Vive *às custas* do pai? Olho nos exemplos: *Formou-se à custa de muito esforço. Cabe a ele pagar as custas do advogado.*

Expandir   ← Responder   ⇄ Retweetar   ★ Curtir   — Mais

No curto prazo? *A curto prazo*? A gente compra *a prazo*. O adjetivo não muda a preposição: **a** *curto prazo*, **a** *longo prazo*.

Expandir   ← Responder   ⇄ Retweetar   ★ Curtir   — Mais

A entrega é *em* casa, *em* hospitais, *em* escolas e, claro, *em* domicílio. Entrega a domicílio? Não. A encomenda não chega. Eta prejuízo!

Expandir   ← Responder   ⇄ Retweetar   ★ Curtir   — Mais

Vamos combinar? Em vez de fazer a entrega em domicílio, faça a entrega *em casa*. É como falamos. Naturalidade conta pontos.

Expandir   ← Responder   ⇄ Retweetar   ★ Curtir   — Mais

Crase

"A crase não foi feita pra humilhar ninguém", disse Ferreira Gullar. Foi feita pra indicar a união de dois aa.

Expandir   ← Responder   ⇄ Retweetar   ★ Curtir   — Mais

O *a* pode ser artigo (a casa) ou a 1ª sílaba do pronome demonstrativo *aquele*, *aquilo*.

Expandir   ← Responder   ⇄ Retweetar   ★ Curtir   — Mais

Só substantivo feminino é antecedido do artigo *a*. Daí por que só ocorre crase antes de nome feminino.

Expandir   ← Responder   ⇄ Retweetar   ★ Curtir   — Mais

DICAS EM ATÉ 140 CARACTERES

Com crase ou sem crase? Na dúvida, recorra ao troca-troca. Troque o nome feminino por masculino. Não precisa ser sinônimo. Mas do mesmo número.
Expandir   ◂ Responder   ↻ Retweetar   ★ Curtir   ⋯ Mais

Se no troca-troca der *ao (aos)*, sinal de preposição + artigo. No feminino, *à (às)*: Vai **à** cidade. (Vai **ao** clube.) Viu? *Ao* chama *à*.
Expandir   ◂ Responder   ↻ Retweetar   ★ Curtir   ⋯ Mais

Em meio a lutas? Em meio à lutas? No troca-troca, olho no número (em meio *a* combates). Xô, acento grave.
Expandir   ◂ Responder   ↻ Retweetar   ★ Curtir   ⋯ Mais

Em meio às lutas? Em meio as lutas? Vamos à troca (em meio aos combates). *Aos* exige *às*: *em meio às lutas*.
Expandir   ◂ Responder   ↻ Retweetar   ★ Curtir   ⋯ Mais

O cão é fiel à dona? Fiel a dona? Com o troca-troca, fiel *ao* dono. O *ao* responde: *O cão é fiel à dona*.
Expandir   ◂ Responder   ↻ Retweetar   ★ Curtir   ⋯ Mais

Refiro-me à questão da prova? A questão da prova? No troca-troca: Refiro-me *ao* debate da prova. O *ao* impõe *à questão*.
Expandir   ◂ Responder   ↻ Retweetar   ★ Curtir   ⋯ Mais

Quanto à prova, nada posso informar? Quanto a prova? No troca-troca: Quanto *ao* tema, nada posso informar. Vem, crase!
Expandir   ◂ Responder   ↻ Retweetar   ★ Curtir   ⋯ Mais

Recebe à amiga? Recebe a amiga? No troca-troca: Recebe *o* amigo. Sem preposição, só o artigo tem a vez. Pra fora, crase!
Expandir   ◂ Responder   ↻ Retweetar   ★ Curtir   ⋯ Mais

Bebê a bordo? Bebê à bordo? *Bordo* é nome masculino. O artigo *a* não tem vez com ele. Sem *a*, nada de crase: *Bebê a bordo.*
Expandir   ↰ Responder   ↻ Retweetar   ★ Curtir   ⋯ Mais

Vale a pena? Vale à pena? Ops! Vamos ao troca-troca: Vale *o* trabalho. Viu? Falta preposição. Sem ela, adeus, grampinho.
Expandir   ↰ Responder   ↻ Retweetar   ★ Curtir   ⋯ Mais

Pronome de tratamento

Pronome de tratamento começado por *Vossa* tem alergia à crase: *Dirijo-me a Vossa Senhoria. Encaminho a Vossa Excelência...*
Expandir   ↰ Responder   ↻ Retweetar   ★ Curtir   ⋯ Mais

Informo a V. Exª. que o documento se encontra anexo. Viu? Antes de pron. de tratamento começado com *Vossa*, nada de crase.
Expandir   ↰ Responder   ↻ Retweetar   ★ Curtir   ⋯ Mais

Digo a V. S^a que o livro está esgotado. É isso. Com pronome de tratamento começados com *Vossa*, rua, crase!
Expandir   ↰ Responder   ↻ Retweetar   ★ Curtir   ⋯ Mais

Quando nasceu, *você* era *Vossa Mercê*. Desde sempre, tem alergia ao artigo. E, claro, ao acento grave.
Expandir   ↰ Responder   ↻ Retweetar   ★ Curtir   ⋯ Mais

Casa

Crase antes de *casa*? Depende do artigo. A casa onde moramos rejeita o pequenino. Logo, não admite o acento grave: *Saí de casa*.
Expandir   Responder Retweetar Curtir Mais

Sem artigo, o *a* que antecede a casa onde moramos é preposição purinha. Não admite acento de crase: *Dirigi-me a casa cedo*.
Expandir   Responder Retweetar Curtir Mais

A casa dos outros pede artigo – a casa da vovó, a casa de Lu, a casa dos pais: *Foi à casa da avó. Vai à casa do João*.
Expandir   Responder Retweetar Curtir Mais

Dirigiu-se à casa dos pais. Vai à casa de parentes distantes. Viu? Antes da casa dos outros, aparece artigo. A crase tem vez.
Expandir   Responder Retweetar Curtir Mais

Terra

Terra, em oposição a *mar (terra firme)*, não admite artigo. Por isso os marinheiros gritam "terra à vista". Sem artigo, nada de crase.
Expandir   Responder Retweetar Curtir Mais

Mais exemplos? Ei-los: O navio chegou a terra. Os marinheiros desceram a terra.
Expandir   Responder Retweetar Curtir Mais

Não é terra firme? Vale a regra: *Chegou à terra dos antepassados. Os astronautas voltaram à Terra. Foi à Terra Prometida*.
Expandir   Responder Retweetar Curtir Mais

Palavras repetidas

Palavras repetidas não suportam artigo. Sem ele, nada de acento: *face a face, cara a cara, gota a gota, uma a uma.*

Expandir   ⬅ Responder   ⇄ Retweetar   ★ Curtir   ⋯ Mais

Hora a hora, semana a semana – assim, o *a* levinho. Palavras repetidas rejeitam o artigo. Sem ele, xô, crase!

Expandir   ⬅ Responder   ⇄ Retweetar   ★ Curtir   ⋯ Mais

Pares

A língua tem casais. Pra lá de fiéis, o que acontece com um par acontece com o outro. Se um pede artigo, o outro vai atrás.

Expandir   ⬅ Responder   ⇄ Retweetar   ★ Curtir   ⋯ Mais

Par *de...a*. *De* é preposição pura. *A* também. Nada de crase: *Estudo de segunda a sexta. Trabalha de segunda a segunda.*

Expandir   ⬅ Responder   ⇄ Retweetar   ★ Curtir   ⋯ Mais

Par *da (do)...à*. *Da* é preposição + artigo. *À* também: *Trabalho das 2h às 4h. Fui da Rua da Praia à Rua dos Andradas.*

Expandir   ⬅ Responder   ⇄ Retweetar   ★ Curtir   ⋯ Mais

Nome de mulher

Crase antes de nome de mulher? É facultativa. Depende do artigo. Há regiões que o usam e regiões que o dispensam: *a Lia, Lia.*

Expandir   ⬅ Responder   ⇄ Retweetar   ★ Curtir   ⋯ Mais

DICAS EM ATÉ 140 CARACTERES

Referiu-se à Maria. Referiu-se a Maria. Ambas estão corretas. Na primeira, usa-se o artigo. Na segunda, não.

Expandir   ↰ Responder   ↻ Retweetar   ★ Curtir   ⋯ Mais

Dirijo-me à Paula? Dirijo-me a Paula? Tanto faz. Quem diz *à Paula* usa artigo. Quem diz *a Paula* não. É questão regional.

Expandir   ↰ Responder   ↻ Retweetar   ★ Curtir   ⋯ Mais

Falsa crase

Escrever à mão? Escrever a mão? No troca-troca, temos *escrever a lápis*. Sem artigo, não há crase. Mas use o acento. Pela clareza.

Expandir   ↰ Responder   ↻ Retweetar   ★ Curtir   ⋯ Mais

Bater à máquina? Bater a máquina? Não há crase. Mas, sem o acento, o leitor pode entender que a máquina levou pancada. É a clareza.

Expandir   ↰ Responder   ↻ Retweetar   ★ Curtir   ⋯ Mais

Pagar à vista? Pagar a vista? No troca-troca, temos *pagar a prazo*. Sem artigo, não há crase. Mas a clareza pede o acento.

Expandir   ↰ Responder   ↻ Retweetar   ★ Curtir   ⋯ Mais

Em *escrever à mão, bater à máquina, pagar à vista*, não ocorre a fusão de dois aa. Mas a clareza pede o acento. É a falsa crase.

Expandir   ↰ Responder   ↻ Retweetar   ★ Curtir   ⋯ Mais

Versinho

Crase antes de nome de país, estado, cidade, bairro? Depende do artigo. Como saber se o *a* é bem-vindo?

Expandir   Responder   Retweetar   Curtir   Mais

Há um verso que dá dica infalível. Ele manda substituir o verbo *ir* pelo *voltar*. Com o troca-troca, não há erro.

Expandir   Responder   Retweetar   Curtir   Mais

Verso: Se, ao voltar, volto *da*, crase no *a*. Se, ao voltar, volto *de*, crase pra quê?

Expandir   Responder   Retweetar   Curtir   Mais

Vou a França? À França? No troca-troca, *volto da França*. Nota 10 para *vou à França*.

Expandir   Responder   Retweetar   Curtir   Mais

Foi a Floripa? À Floripa? Voltou *de* Floripa. Ao voltar, volta de, crase pra quê? *Vou a Floripa.*

Expandir   Responder   Retweetar   Curtir   Mais

Fomos à Barra da Tijuca? A Barra da Tijuca? Voltamos da Barra. Ao voltar, volto *da*, crase no *a*: *Fomos à Barra da Tijuca.*

Expandir   Responder   Retweetar   Curtir   Mais

Vamos à Lisboa? A Lisboa? Voltamos de Lisboa. Ao voltar, volto de, crase pra quê? *Vamos a Lisboa.*

Expandir   Responder   Retweetar   Curtir   Mais

Iria a Brasília? À Brasília? Ao voltar, volto de, crase pra quê? *Volta de Brasília. Iria a Brasília.*

Expandir   Responder   Retweetar   Curtir   Mais

Vou à Roma dos papas? A Roma dos papas? (Volto da Roma dos papas.) Volto *da*, crase no *a*: *Vou à Roma dos papas.*
Expandir   Responder   Retweetar   Curtir   Mais

Fingidoras

Obras a 500 metros – assim, sem crase. *Metros* é masculino. Antes de machinhos, não ocorre o encontro de dois aa.
Expandir   Responder   Retweetar   Curtir   Mais

Andar a pé? Andar à pé? *Pé* é masculino. Xô, grampinho!
Expandir   Responder   Retweetar   Curtir   Mais

Há construções que enganam. Fingidas, escondem um feminino: *Canta à (moda de) Roberto Carlos.*
Expandir   Responder   Retweetar   Curtir   Mais

Exemplos de fingidoras: *Corta o cabelo à (moda de) Neymar. Dá bicicletas à (moda de) Pelé. Móveis à (moda de) D. José.*
Expandir   Responder   Retweetar   Curtir   Mais

Mais fingidoras: *Fui à (Livraria) José Olímpio. Comprei móvel à (moda) Luís 14. Não fui à Rua da Praia, mas à (Rua) dos Andradas.*
Expandir   Responder   Retweetar   Curtir   Mais

"Bife a cavalo" joga no time de "bife à milanesa"? Não. Em *bife à milanesa*, esconde-se fingidora: *Bife (à moda) milanesa.*
Expandir   Responder   Retweetar   Curtir   Mais

Locuções

 Locução = mais de uma palavra que vale por uma classe gramatical. Há várias. À crase interessam 3: adverbial, prepositiva e conjuntiva.

 Como identificar o trio? Fique de olho na última palavra.

 A locução prepositiva termina por preposição (de, com, a): *em frente de*, *ao lado de*, *de acordo com*, *em relação a*.

 Locução prepositiva formada de palavra feminina pede sinal da crase: *Ficou à frente da polícia. Vive à custa do pai.*

 A locução conjuntiva termina por conjunção (que): *de forma que*, *de maneira que*, *à medida que*, *à proporção que*.

 Locução conjuntiva formada por palavra feminina pede acento grave: *À medida que treina, joga melhor.*

 A locução adverbial termina com nome (substantivo, adjetivo): *à meia-noite*, *às claras*, *a prazo*.

 Locução adverbial formada por palavra feminina pede acento grave: *Ficou às escuras. Gosta de tudo às escondidas. Saio à tarde.*

DICAS EM ATÉ 140 CARACTERES

 Exemplos de locuções adverbiais: *Viaja às quartas-feiras. Saiu às 2h. Andava às apalpadelas. Entrou às gargalhadas.*

Expandir   Responder   Retweetar   Curtir   Mais

 Mais loc. adverbiais: *Fique à vontade. À noite, ele fala à beça e às claras. Hoje à noite, às 19h, vamos à ópera. Voltamos à 1h.*

Expandir   Responder   Retweetar   Curtir   Mais

 A indicação de horas, quando locução adverbial, pede o acento: *A reunião começa às 16h. Saí às 4h. Estudo inglês das 4h às 6h.*

Expandir   Responder   Retweetar   Curtir   Mais

 Às vezes ganha grampinho: *Não vou muito ao cinema. Mas, às vezes, um filminho é bem-vindo.*

Expandir   Responder   Retweetar   Curtir   Mais

 Olho vivo. Sente-se *à mesa* e ponha os pratos *na mesa*.

Expandir   Responder   Retweetar   Curtir   Mais

Distância

 Ensino *a distância*? Ensino *à distância*? Trata-se de loc. adverbial. Mas os autores se dividem. É que *distância* ora pede artigo, ora não pede.

Expandir   Responder   Retweetar   Curtir   Mais

 A distância? À distância? Se a distância for determinada, pede o artigo. Aí, haverá o encontro de dois aa. Se não, nada de artigo ou crase.

Expandir   Responder   Retweetar   Curtir   Mais

111

COMO ESCREVER NA INTERNET

À *distância* é especificada. *A distância*, sem especificação. Compare: *Vigie-a a distância. Vigie-a à distância de 100m.*

Expandir   Responder   Retweetar   Curtir   Mais

Observe a diferença: *Vi o ator a distância. Vi o ator à distância de uns 50m.*

Expandir   Responder   Retweetar   Curtir   Mais

Ensino a distância. Assim, sem crase.

Expandir   Responder   Retweetar   Curtir   Mais

Possessivo

O pronome possessivo joga no time dos liberais. Deixa o emprego do artigo à escolha do freguês: *Sua mãe está aqui. A sua mãe está aqui.*

Expandir   Responder   Retweetar   Curtir   Mais

Se o artigo é facultativo, a crase também é: *Fui à sua cidade. Fui a sua cidade. Refere-se à nossa escola. Refere-se a nossa escola.*

Expandir   Responder   Retweetar   Curtir   Mais

Duvida? Vamos ao troca-troca: *Fui ao seu país. Fui a seu país. Refere-se ao nosso clube. Refere-se a nosso clube.*

Expandir   Responder   Retweetar   Curtir   Mais

Olho vivo! Liberdade não é libertinagem. Tem limite. Qual? Depende da companhia. O possessivo vem acompanhado de substantivo?

Expandir   Responder   Retweetar   Curtir   Mais

DICAS EM ATÉ 140 CARACTERES

 Se vem acompanhado de substantivo, o artigo é facultativo. A crase, idem: *Não fui à sua sala. Não fui a sua sala.*

Expandir   Responder   Retweetar   Curtir   Mais

 O tira-teima não deixa dúvida: *Não fui ao seu quarto. Não fui a seu quarto.*

Expandir   Responder   Retweetar   Curtir   Mais

 Se o possessivo vem desacompanhado, o artigo se impõe. A crase também. Compare: Não fui a (à) sua sala, mas à minha.

Expandir   Responder   Retweetar   Curtir   Mais

 Vem, troca-troca: *Não fui a (ao) seu quarto, mas ao meu.*

Expandir   Responder   Retweetar   Curtir   Mais

 Outro exemplo? Você manda. Cheguei a (à) nossa rua, não à sua. Tira-teima: *Cheguei a (ao) nosso bairro, não ao seu.*

Expandir   Responder   Retweetar   Curtir   Mais

Mais um? Desejou sorte a (à) sua família e à minha também. Tira-teima: *Desejou sorte a (ao) seu chefe e ao meu também.*

Expandir   Responder   Retweetar   Curtir   Mais

Aquele, aquilo

 Àquele? Àquilo? O *a* não é problema. Está presente no artigo. Vem, preposição: *Luiz se dirigiu àquele vendedor que sorria.*
Expandir   Responder   Retweetar   Curtir   Mais

 Viu? A gente se dirige *a* alguém. O *a* exigido pelo verbo se encontra com o *a* do pronome *aquele*. É casamento na certa.
Expandir   Responder   Retweetar   Curtir   Mais

 Em relação àquilo, nada sei. O *a* da locução *em relação a* dá de cara com o *a* de aquilo. Não dá outra. Os trapinhos se juntam.
Expandir   Responder   Retweetar   Curtir   Mais

POSFÁCIO
Cada macaco no seu chat

Lili – pq vc axa q eça escrta fcou assim aki no chat
Rolls_- eh ki vai mais rapdo
Lili – eh, tb acho i já to fcando craki

Na dissertação de mestrado em Estudos Linguísticos da professora Else Martins dos Santos, da UFMG, que examinou a influência dos chats na linguagem dos adolescentes, a conclusão foi devastadora: "Os jovens sabem adequar a linguagem deles ao portador, ao grau de intimidade e ao gênero. Eles sabem perfeitamente que a questão da linguagem é uma questão de adequação".

Quem fecha a cara para a linguagem dos jovens na web, acusando-a de machucar a "última flor do Lácio inculta e bela", vai cuspir sangue ao saber que a professora Dad Squarisi, especialista em língua portuguesa e que, portanto, tem por ofício o zelo pelo bom uso do vernáculo, vem afirmando por aí (e assinando embaixo) que a linguagem sincopada dos chats é português, sim.

E bom português, considerado o veículo – a internet – onde é praticada. Um veículo que exige rapidez, eficiência e economia. E mais: contemporânea de seu tempo e com um pé no futuro, Dad não apenas aceita a linguagem econômica que a juventude criou para os chats e para o Twitter, mas até ensina técnicas destinadas a facilitar o seu uso.

E olha que até agora tudo o que se ouvia – e ainda se vai ouvir muito – é q a lguagm utlzda pls jvns ns chats eh ua dformçao da lngua, q vai trmnar cntamnand u vlho prtgues, esas coisas. Nada mais incorreto.

Claro que você estranhou a forma utilizada. A razão do estranhamento é que este é o posfácio de um livro, não uma sala de bate-papo. Da mesma forma como vai ficar esquisito alguém aparecer na igreja vestindo sunga. Ou se dirigir a um juiz durante a audiência num fórum usando a linguagem dos surfistas.

Quando, em pleno Salão do Livro do Piauí, Dad afirmou que o português é língua guarda-chuva que abriga várias sublínguas – o juridiquês, o economês, o futebolês, o baianês, o piauiês e o internetês, e que todas elas estão corretas quando usadas dentro do espaço próprio –, alguns olhos se arregalaram num misto de surpresa que por

POSFÁCIO

pouco não se converteu em indignação. Mas ela, com a suavidade dos que têm a razão por companhia, seguiu em frente, desfazendo recalcitrâncias e cenhos franzidos. Terminou aplaudida e cumprimentada.

Os garotos do messenger, dos chats e do Twitter sabem onde devem usar cada linguagem. Como se diz no meu Piauí, "em terra de sapos, de cócoras com eles". Por isso, no grupo de e-mail criado pra facilitar a comunicação com os alunos de Telejornalismo na UnB, uso a linguagem dos chats. Antes o fazia meio a contragosto. Hoje, faço-o com a alegria infantil de quem ganhou brinquedo novo. E nunca percebi, nos meus 12 anos de magistério, um só trabalho escrito no qual alguém tenha cochilado e usado a linguagem das salas de bate-papo. Os moleques sabem das coisas, inclusive que não se usa biquíni pra receber a comunhão.

Ou sj, cad veícl cm sua lguagm. Ops! Isto aqui é um posfácio, não uma conversa dentro do grupo de discussão: cada veículo com sua linguagem. Assim, a boa e velha língua pátria continua toda ancha, feliz, vigorosa e renovada. E aceitando, graciosa e diariamente, a contribuição milionária de todos os erros.

Paulo José Cunha

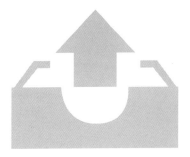

Índice por assunto

140 toques, 34-5, 71
a curto prazo, 102
à custa de, 102
à la carte, 100
à medida que/*na medida em que*, 96, 110
a meu, 101
ABC/á-bê-cê, 79
abreviatura, 12, 28, 41, 82
abrupto/ab-rupto, 79
acriano, 100
adequação, 12, 20, 115
aficionado, 99
afim/a fim, 93
afora, 44, 98
agilizar/agilitar, 40, 79
agravante, 80
alcoólatra/alcoólico, 76

alface, 100
algum, 51
alto e bom som, 101
ano, 53
ao encontro/de encontro, 95
ao invés de/em vez de, 95
ao nível de/em nível de, 55, 96
apagão/blecaute, 75
argentino/portenho, 100
artigos indefinidos, 48
atender, 75
aterrissar/aterrizar, 76
atraso, 85
bebê, 74, 101, 104
bem feito/benfeito, 94
bênção/benção, 75
beneficência/beneficente, 98
berinjela/beringela, 75

Como ESCREVER NA INTERNET

boteco, 99
botijão/bujão, 79
cabeleireiro, 84
caixa dois/ caixa 2, 75
camundongo, 98
casaizinhos, 97
catorze/quatorze, 74
cavaleiro/cavalheiro, 97
ciclo, 100
cinquenta, 99
círculo vicioso, 100
ciúme/ciúmes, 76
códigos, 41, 42
com vista a/com vistas a, 80
concisão, 47
Corão/Alcorão, 78
cortar, 47
cota/quota, 76
cotidiano/quotidiano, 79
crase, 102
   a distância/à distância, 111-2
   à mesa/na mesa, 111
   aquele, 114
   aquilo, 114
   casa, 105
   construções que enganam, 109
      à (moda de), 109
   falsa crase, 107
   horas, 111
   locução adverbial, 110-1
   locução conjuntiva, 110
   locução prepositiva, 110
   masculino, 103-4, 109
   nome de mulher, 106
   palavras repetidas, 106
   pares, 106
      da (do)...à, 106
      de...a, 106

pronome de tratamento, 104
pronome possessivo, 112
terra, 105
troca-troca, 103-4, 107-8, 112-3
versinho, 108
   nome de país, estado, 108
   cidade, bairro, 108
cruzamentos, 98
curinga, 99
custas, 102
dar à luz, 101
de...a, 97
deficit/défice, 78
demais/de mais, 94
descriminação/
   descriminalização, 77
dia, 53
diabete/diabetes, 78
dignitário, 98
em cores, 101
em domicílio, 40, 102
em face de, 101
em mão/em mãos, 78
em pé/de pé, 74
em preto e branco, 101
emissor, 15, 19
enfarte, enfarto, infarto, 81
entre...e, 97
escolher, 39
especificação, 22, 112
esporte/desporto, 74
este/esse/aquele, 90
estender, 99
estória/história, 94
estrangeirismos, 23
exceção, 100
expressões adiposas, 54

ÍNDICE POR ASSUNTO

falação, 26, 54, 73
férias, 77-8
fim de semana/final de semana, 74
forma positiva, 44
frases curtas, 45
futuro, 58
ganho/ganhado, 80
grafia, 12, 31
grupo de/bando de, 81
hoje são/hoje é, 76
ícones emocionais, 42
internetês, 12, 28-9, 32-3, 116
jabuticaba, 99
julinas/juninas, 99
letras, 12, 15, 28, 31, 35, 41, 42, 63
língua, 11-13, 15, 20, 23, 29, 31-5, 38-9, 49, 52, 54, 62-3, 73
língua técnica, 24
locução, 110, 111, 114
loura/loira, 78
Luís/Luiz, 74
má-criação/malcriação, 77
má-formação/malformação, 77
maioria/maior parte, 81
mais bem/mais mal, 86
mais bem/melhor, 86
mais bom/mais mau, mais/mas, 94
mal/mau, 85-6
marcha a ré, 98
megalômano/megalomaníaco, 75
melhor/pior, 86
menor é melhor, 11, 27, 73-4
menos é mais, 11, 35, 37
mês, 53, 63, 82, 90
metade/partitivo, 81

mim/eu, 87
minimalismo verbal, 35
mozarela/muçarela, 74
nome do mês/número do mês, 63
nome/verbo, 62
numerais, 43, 69
olimpíada/olimpíadas, 75
onde/aonde, 89-90
oração desenvolvida/reduzida, 61
oração substantiva/substantivo, 60
orações adjetivas/adjetivos, 60
ortografia, 31
pago/pagado, 80
paisinho/paizinho, 97
palavras curtas, 39
para a frente, 101
passado, 58,
paulista/paulistano, 100
pego/pegado, 81
percentagem/porcentagem, 79
perguntas indiretas/perguntas diretas, 59
personagem, 77
pisar, 75
por ora/por hora, 101
por que/por quê/porque/porquê, 88-9
presente, 58
presidenta/presidente, 78
proativo/pró-ativo, 79
pronome sujeito, 49
pronomes, 57
protocolar, 99
que é/que era/que foi, 52
que/qual, 80
rapar/raspar, 81
Recife, 77

121

Como ESCREVER na INTERNET

regionalismos, 25
revezamento, 85
risco de vida/risco de morte, 74
saudade/saudades, 76
se deu ao luxo/se deu o luxo, 80
seu, 49
siglas, 83
sinais de pontuação, 42
sub-humano/subumano, 77
tabuada, 85
tentar, 54
ter de/ter que, 76

texto, 11, 15, 17, 21, 23, 27, 34-5, 46, 49, 67, 71, 90, 92
todos, 50
trazer, 85
trocar, 56
tsunami, 84
Twitter, 34, 83, 116-7
useiro e vezeiro, 85
veredito/veredicto, 79
vírgula, 17
voz ativa, 43
zeros, 53

A autora

Dad Squarisi transita com desenvoltura pelo universo da língua. É editora de Opinião do *Correio Braziliense*, comentarista da TV Brasília, blogueira, articulista e escritora. Assina as colunas Dicas de Português e Diquinhas de Português, publicadas por jornais de norte a sul do país; Com Todas as Letras, na revista *Agitação*; Língua Afiada, na *Revista do Ministério Público de Pernambuco*.

Formada em Letras, com especialização em Linguística e mestrado em Teoria da Literatura, concentra o interesse, sobretudo, na redação profissional – o jeitinho de dizer de cada especialidade, cada grupo, cada mídia. Mas é tudo português.

A experiência como professora do Instituto Rio Branco, consultora legislativa do Senado Federal e jornalista do *Correio Braziliense* iluminou o caminho dos livros *Dicas da Dad – Português com humor, Mais dicas da Dad – Português com humor, A arte de escrever bem, Escrever melhor* (com Arlete Salvador), *Redação para concursos e vestibulares* (com Célia Curto), publicados pela Contexto, além de *Superdicas de ortografia, Manual de redação e estilo para mídias convergentes*, dos *Diários Associados*, e de livros infantis – de mitologia e fábulas.

CURTA NOSSA PÁGINA NO

Participe de sorteios, promoções, concursos culturais e fique sabendo de todas as nossas novidades.

www.editoracontexto.com.br/redes

STÓRIA • LÍNGUA PORTUGUESA • GEOGRAFIA • EDUCAÇÃO • MEIO AMBIENTE • JORNALISMO • INTERESSE GERAL
FORMAÇÃO DE PROFESSORES • SOCIOLOGIA • FUTEBOL • GUERRA - MILITARIA • ECONOMIA • TURISMO

Cadastre-se no site da Contexto e fique por dentro dos nossos lançamentos e eventos.
www.editoracontexto.com.br

GRÁFICA PAYM
Tel. (11) 4392-3344
paym@terra.com.br